lex:tra JUNIOR

lex:tra JUNIOR

Unser erstes

BILDWÖRTERBUCH ENGLISCH

zum Entdecken, Lesen und Hören

Cornelsen

Was du mit diesem Buch alles machen kannst

Nun, zunächst einmal darin blättern. Im englisch-deutschen Wörterverzeichnis stehen mehr als 800 Begriffe. Zu jedem Begriff findest du ein Bild und die deutsche Übersetzung. Die englischen Begriffe sind nach dem Alphabet geordnet, sodass du ein bestimmtes Wort leicht finden kannst.

Die Wörter im alphabetischen Verzeichnis sind Nomen (Hauptwörter) wie **astronaut** und **zebra**. Die Verben (Tätigkeitswörter) findest du fast alle auf den vier Seiten **What you can do**. Die meisten Adjektive (Eigenschaftswörter) stehen auf den zwei Seiten **Big and small** und die Präpositionen (Verhältniswörter) auf der Doppelseite **Where are they?**

Willst du wissen, wie ein deutsches Wort auf Englisch heißt, schlägst du im deutsch-englischen Wörterverzeichnis nach. Möchtest du zum Beispiel das englische Wort für **Bohrmaschine** wissen, dann guckst du im deutsch-englischen Verzeichnis unter **B** nach. Dort steht dann, dass **Bohrmaschine** auf Englisch **drill** heißt. Danach kannst du im englisch-deutschen Teil unter **drill** nachschauen, ob eine englische Bohrmaschine so aussieht, wie du sie dir vorgestellt hast.

Schaust du beispielsweise im deutsch-englischen Wörterverzeichnis unter **W** nach, was **werfen** auf Englisch heißt, findest du die englische Übersetzung **throw** und die Zahl 89. Das bedeutet, dass das Wort **throw** auf Seite 89 steht. Diese Seite ist eine Bildseite und hier musst du dann ein bisschen nach dem Wort **throw** suchen.

Wenn du einen TING-Stift hast, dann kann dieses Wörterbuch sogar noch viel mehr! Nachdem dir ein Erwachsener die entsprechenden Dateien auf den TING-Stift geladen hat, geht das so:

So einfach kannst du Bücher mit Ting lesen und hören:

Zum Einschalten drückst du 2 Sekunden lang diesen Knopf. Wenn es geklappt hat, hörst du einen kurzen Ton.

Danach tippst du mit der Spitze von TING auf den Punkt im inneren Kreis. Wieder hörst du einen kurzen Ton. Das machst du bei jedem neuen Buch wieder genauso.

Los geht's. Jetzt kannst du mit TING dieses Buch lesen und wirst schöne Überraschungen erleben.

Hinweis: Wenn du mehr über TING und weitere TING-Bücher wissen möchtest, frag einfach im Buchhandel oder schau im Internet unter www.ting.eu

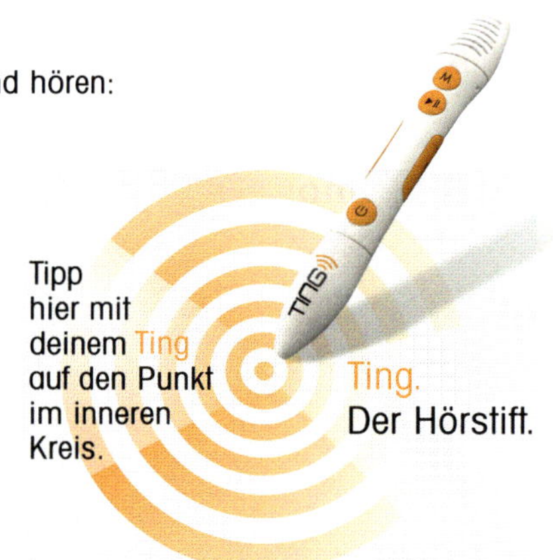

Das Geräusche-Such-Spiel: Damit das Zuhören noch mehr Spaß macht, haben wir auf jeder Doppelseite mal hier, mal da lustige Geräusche versteckt. Wie viele kannst du auf den verschiedenen Seiten finden?

Viel Spaß beim Englisch lesen und hören!

Was findest du wo in diesem Buch?

Das englisch-deutsche Wörterverzeichnis mit Bildern 4

Bunte Bilderseiten nach Themen geordnet

Colours, Shapes, Numbers 78
Farben, Formen, Zahlen

My family 80
Meine Familie

Our house 81
Unser Haus

Big and small 82
Groß und klein

Where are they? 84
Wo sind sie?

What you can do 86
Was du tun kannst

What's the time? 90
Wie spät ist es?

Day and night 91
Tag und Nacht

A year has 12 months 92
Ein Jahr hat 12 Monate

The weather 93
Das Wetter

The four seasons 94
Die vier Jahreszeiten

Thanksgiving, Hallowe'en, Remembrance Day 96
Erntedankfest, Tag vor Allerheiligen, Volkstrauertag

Das deutsch-englische Wörterverzeichnis 97

Impressum 108

A a

accident
Unfall

acorn
Eichel

acrobats
Akrobaten

address
Adresse

adults
Erwachsene

airport
Flughafen

album
Album

alligator
Alligator

ambulance
Krankenwagen

anchor
Anker

a b c d e f g h i j k l m n o p q r s t u v w x y z

angel
Engel

angler
Angler/in

animals
Tiere

anorak
Anorak

ant
Ameise

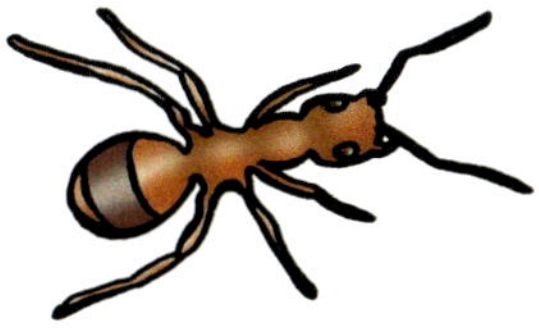

apple
Apfel

aquarium
Aquarium

arm
Arm

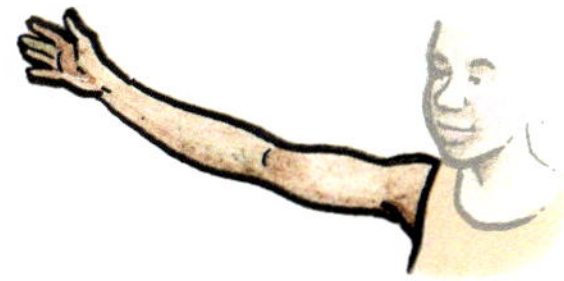

armbands
Schwimmflügel

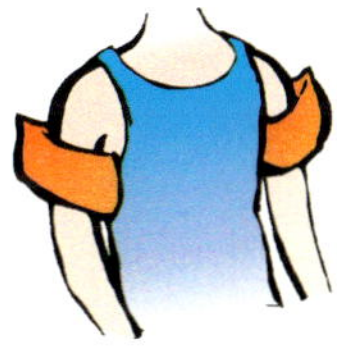

armchair
Sessel

arrow
Pfeil

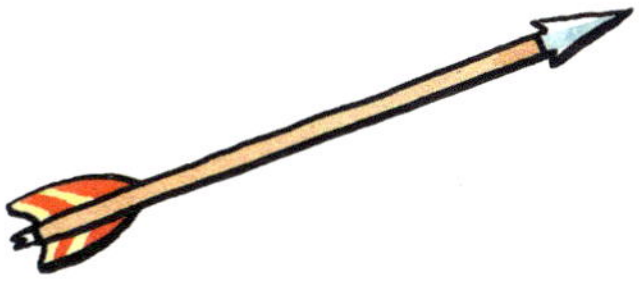

astronaut
Astronaut/in

atlas
Atlas

axe
Axt

a **b** c d e f g h i j k l m n o p q r s t u v w x y z

B b

baby
Baby

back
Rücken

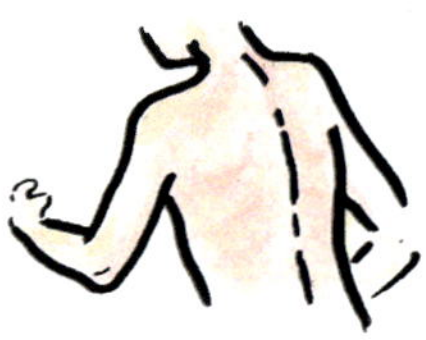

bacon
Speck

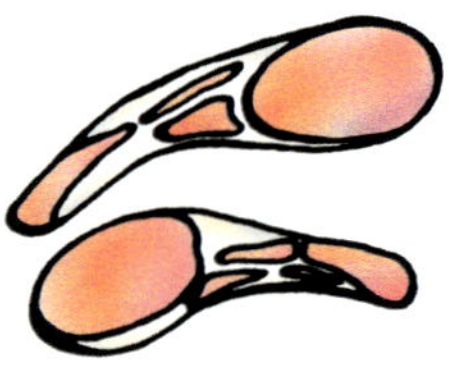

bag
Tasche

baker
Bäcker/in

ball
Ball

balloon
Luftballon

banana
Banane

barn
Scheune

basket
Korb

bat
Fledermaus

bat
Schläger

bath
Badewanne

battery
Batterie

beach
Strand

beach ball
Wasserball

beak
Schnabel

beans
Bohnen

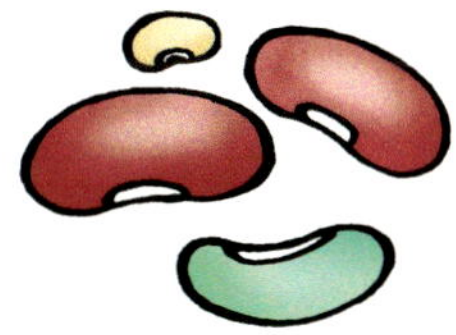

bear
Bär

bed
Bett

bedside table
Nachttisch

bee
Biene

beetle
Käfer

bell
Glocke

belly
Bauch

belt
Gürtel

bike
Fahrrad

bin
Abfalleimer

binoculars
Fernglas

birds
Vögel

birthday
Geburtstag

biscuit
Keks

blackberry
Brombeere

blackbird
Amsel

blackboard
(Wand-)Tafel

blackcurrants
Schwarze Johannisbeeren

blanket
Decke

board
Brett

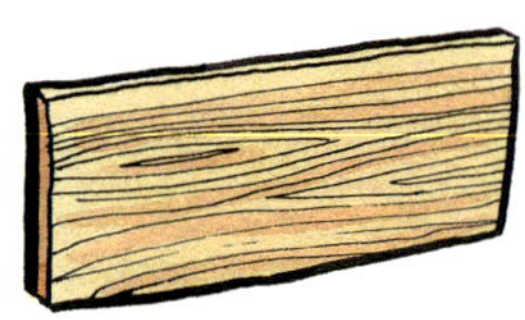

board game
Brettspiel

boat
Boot

bone
Knochen

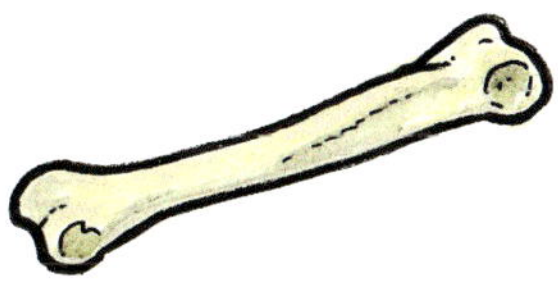

book
Buch

bookshelf
Bücherregal

boot
Kofferraum

boots
Stiefel

bottle
Flasche

bow
Bogen

bowl
Schüssel

box
Kiste

boy
Junge

bracelet
Armband

bread
Brot

bridge
Brücke

broom
Besen

brush
Handfeger

bubble bath
Schaumbad

bucket
Eimer

budgie
Wellensittich

bull
Stier

bulldozer
Planierraupe

bus
Bus

bush
Busch

bus stop
Bushaltestelle

butter
Butter

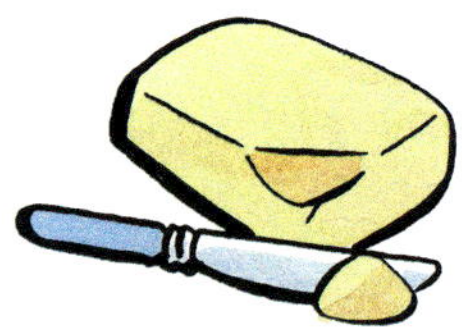

butterfly
Schmetterling

button
Knopf

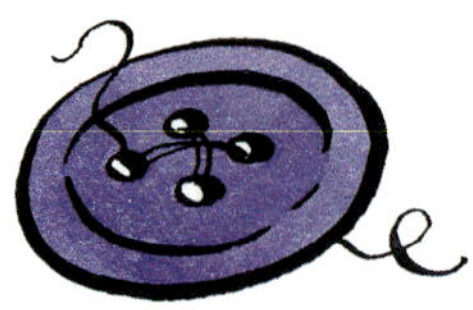

a b c d e f g h i j k l m n o p q r s t u v w x y z

C c

cabbage
Kohl(kopf)

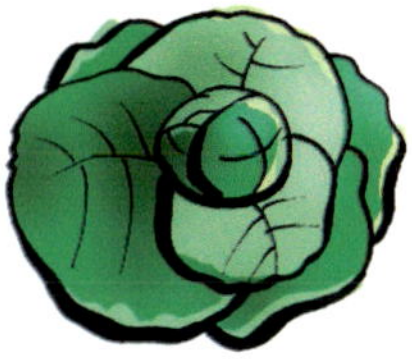

camel
Kamel

cage
Käfig

camera
Fotoapparat

cake
Kuchen

can
Dose

calculator
Taschenrechner

canary
Kanarienvogel

calf
Kalb

candle
Kerze

cap
Mütze

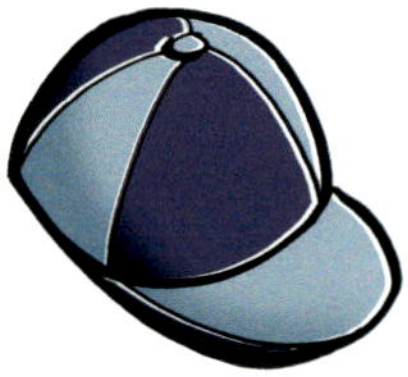

caterpillar
Raupe

car
Auto

CD player
CD-Spieler

caravan
Wohnwagen

chair
Stuhl

carpet
Teppich

chalk
Kreide

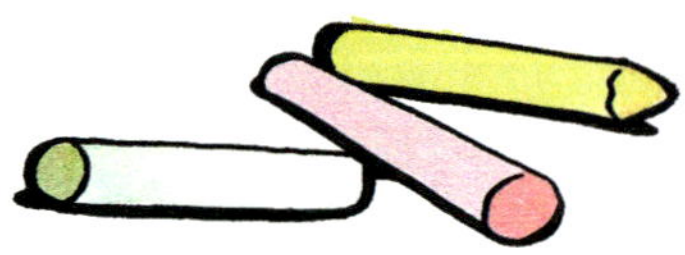

carrot
Karotte

cheese
Käse

castle
Burg

chef
Koch

cat
Katze

cherries
Kirschen

chicken
Huhn

child
Kind

chimpanzee
Schimpanse

chin
Kinn

chips
Pommes frites

chocolate
Schokolade

church
Kirche

cinema
Kino

circus
Zirkus

classroom
Klassenzimmer

clothes
Kleidung

coat
Mantel

cock
Hahn

coconut
Kokosnuss

coffee
Kaffee

comb
Kamm

computer
Computer

computer game
Computerspiel

computer mouse
Maus

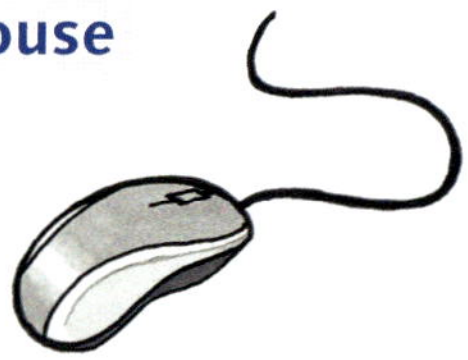

cow
Kuh

crab
Krebs

crane
Kran

crayons
Wachsmalstifte

cream
Sahne

crisps
Kartoffelchips

crocodile
Krokodil

crown
Krone

cucumber
Gurke

a b **c** d e f g h i j k l m n o p q r s t u v w x y z

cuddly toy
Kuscheltier

cup
Tasse

cupboard
Schrank

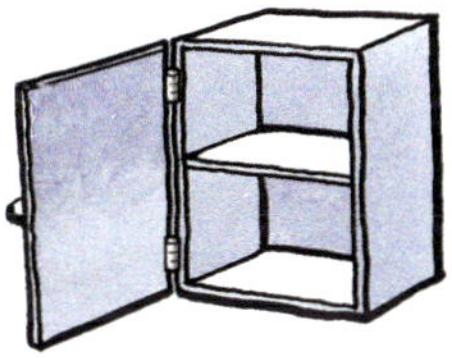

curtain
Gardine

cushion
Kissen

D d

daffodil
Osterglocke

daisy
Gänseblümchen

dancer
Tänzer/in

dandelion
Löwenzahn

deckchair
Liegestuhl

deer
Reh

department store
Kaufhaus

desk
Schreibtisch

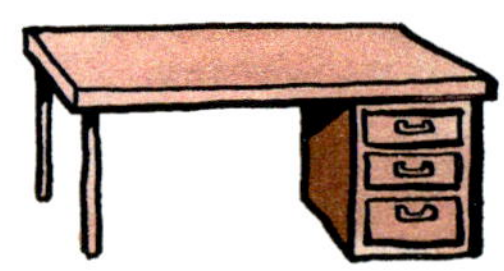

detective
Detektiv/in

dice
Würfel

dictionary
Wörterbuch

digger
Bagger

digital camera
Digitalkamera

dinosaur
Dinosaurier

doctor
Arzt/Ärztin

dog
Hund

doll
Puppe

doll's house
Puppenhaus

doll's pram
Puppenwagen

dolphin
Delfin

donkey
Esel

door
Tür

double-decker bus
Doppeldeckerbus

dragon
Drache

drawing
Zeichnung

dress
Kleid

dressing gown
Morgenmantel

drill
Bohrmaschine

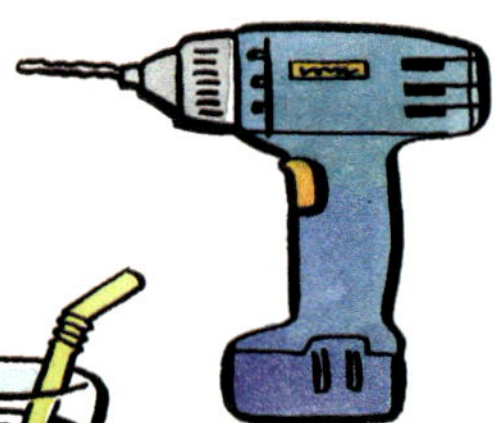

drink
Getränk

driver
Fahrer/in

drum
Trommel

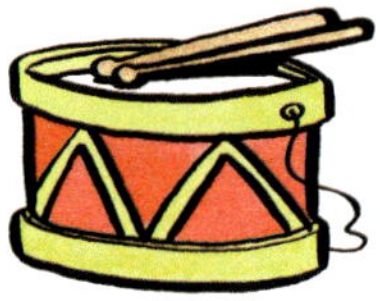

duck
Ente

dumper truck
Kipplader

dungarees
Latzhose

DVD player
DVD-Player

a b c d **e** f g h i j k l m n o p q r s t u v w x y z

E e

eagle
Adler

echo
Echo

ear
Ohr

egg
Ei

earring
Ohrring

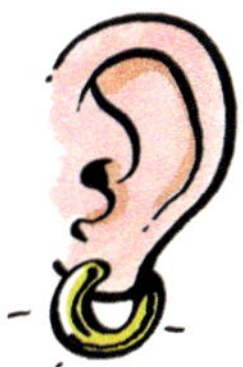

eggcup
Eierbecher

earth
Erde

eggshell
Eierschale

earthworm
Regenwurm

elbow
Ellenbogen

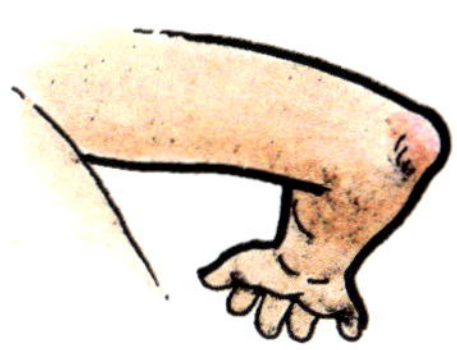

elephant
Elefant

elf
Elf/Elfe

elk
Elch

end
Ende

engine
Motor

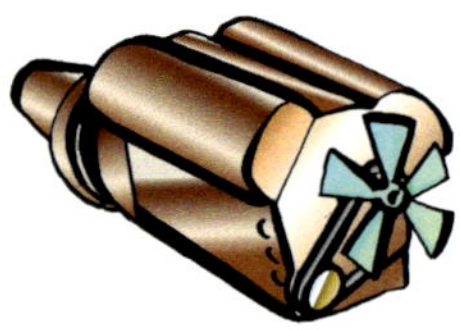

engine
Lokomotive

envelope
Briefumschlag

escalator
Rolltreppe

exercise book
Übungsheft

experiment
Experiment

eye
Auge

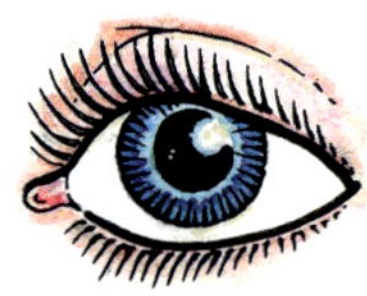

eyebrow
Augenbraue

a b c d e **f** g h i j k l m n o p q r s t u v w x y z

F f

face
Gesicht

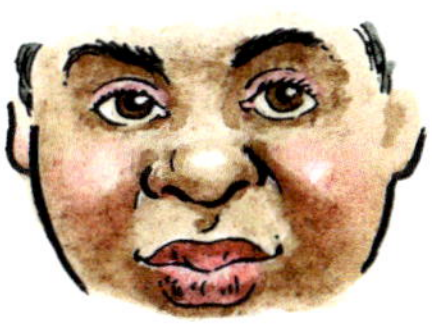

farm
Bauernhof

factory
Fabrik

farmer
Bauer/Bäuerin

fairy
Fee

farmhouse
Bauernhaus

fairy tale
Märchen

fawn
Rehkitz

family name
Familienname

feather
Feder

felt tip
Filzstift

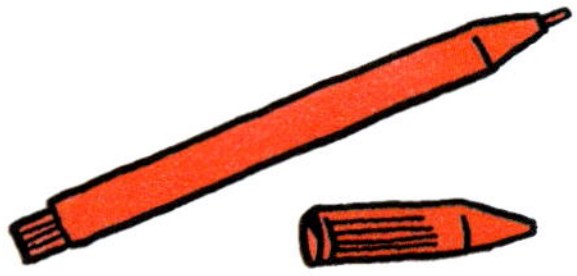

fence
Zaun

ferry
Fähre

field
Feld

film
Film

finger
Finger

fingernail
Fingernagel

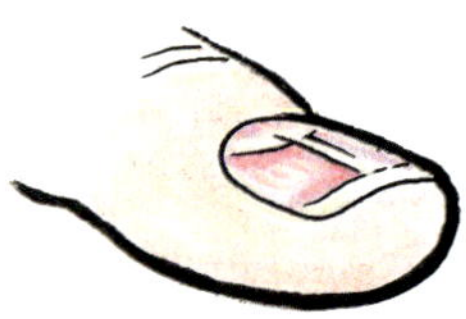

fire
Feuer

fire engine
Feuerwehrauto

firefighter
Feuerwehrmann/
Feuerwehrfrau

fireworks
Feuerwerk

fir tree
Tanne

fish
Fisch

fisherman
Fischer

a b c d e **f** g h i j k l m n o p q r s t u v w x y z

fish fingers
Fischstäbchen

fishing
Angeln

fishing rod
Angel

fish tank
Aquarium

flag
Fahne

flat
Wohnung

flatscreen TV
Flachbildschirm-
Fernseher

flower
Blume

flower bed
Blumenbeet

flower pot
Blumentopf

fly
Fliege

foal
Fohlen

food
Essen

foot
Fuß

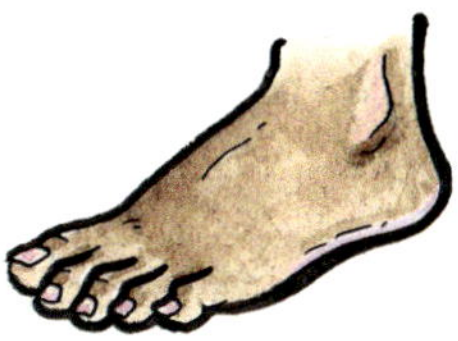

football
Fußball

fridge
Kühlschrank

football match
Fußballspiel

fried egg
Spiegelei

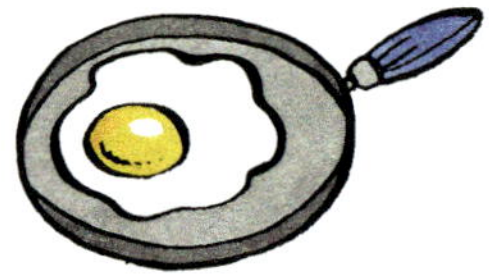

forest
Wald

friend
Freund/in

fork
Gabel

frog
Frosch

fountain
Springbrunnen

fruit
Obst

fountain pen
Füller

frying pan
Bratpfanne

fox
Fuchs

fur
Fell

G g

game
Spiel

garage
Garage

garden
Garten

gate
Pforte

ghost
Gespenst

giant
Riese

giraffe
Giraffe

girl
Mädchen

glass
Glas

glasses
Brille

a b c d e f **g** h i j k l m n o p q r s t u v w x y z

gloves
Fingerhandschuhe

goal
Tor

goalkeeper
Torwart

goat
Ziege

goldfish
Goldfisch

goodbye
Auf Wiedersehen

goose
Gans

gorilla
Gorilla

grapefruit
Grapefruit/Pampelmuse

grapes
Weintrauben

grass
Gras

grasshopper
Grashüpfer

guinea pig
Meerschweinchen

guitar
Gitarre

a b c d e f g **h** i j k l m n o p q r s t u v w x y z

H h

hair
Haar

hairband
Haarreifen

hairbrush
Haarbürste

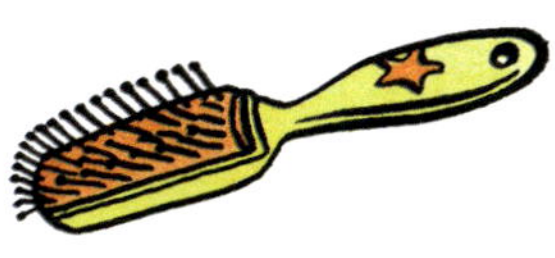

hairdresser
Friseur/in

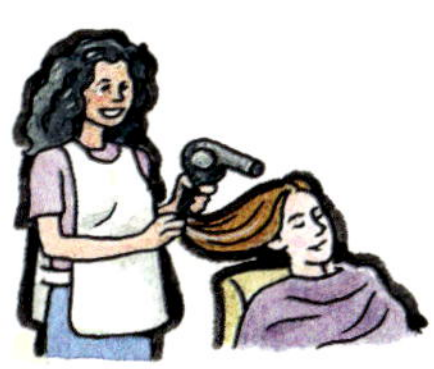

hairdryer
Fön

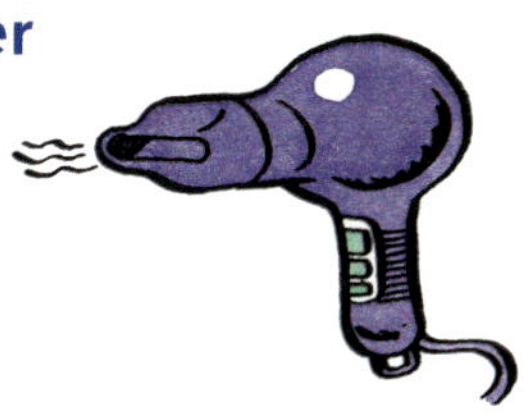

ham
Schinken

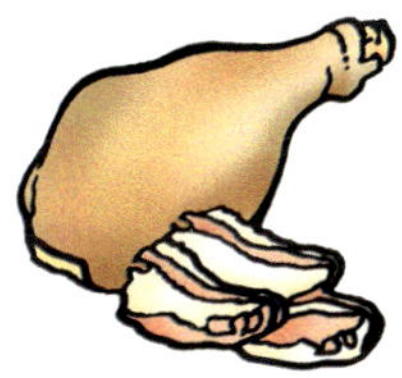

hammer
Hammer

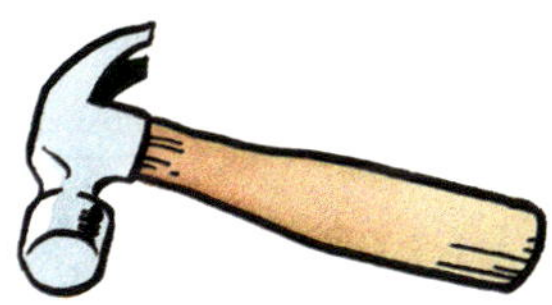

hamster
Hamster

hand
Hand

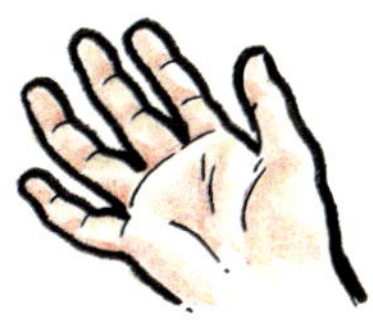

handkerchief
Taschentuch

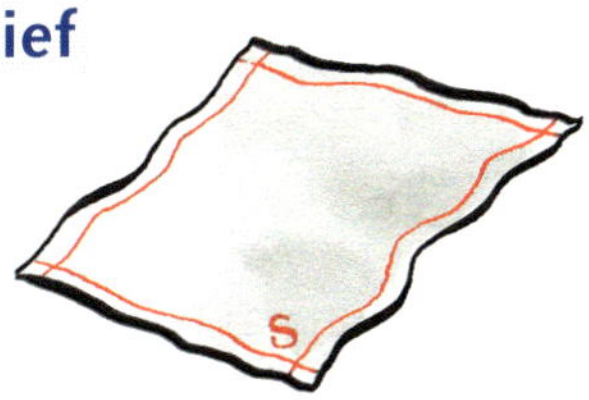

handlebar
Fahrradlenker

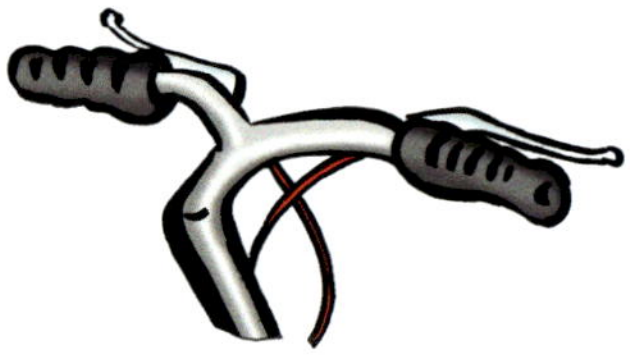

harbour
Hafen

hare
Hase

hat
Hut

hay
Heu

hazelnuts
Haselnüsse

head
Kopf

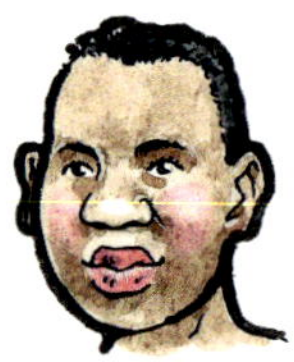

headband
Stirnband

hedge
Hecke

hedgehog
Igel

helicopter
Hubschrauber

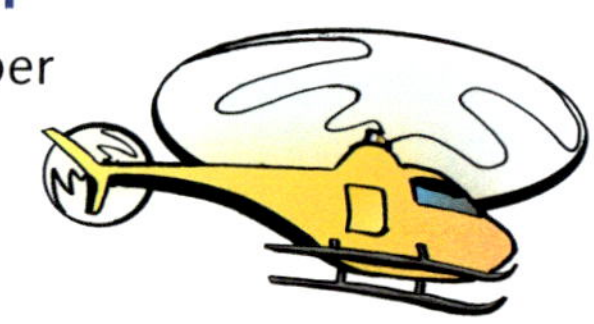

helmet
Sturzhelm

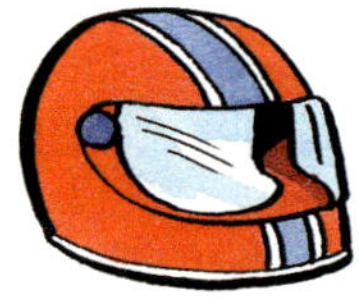

hen
Henne

henhouse
Hühnerstall

hill
Hügel

hippo
Nilpferd

hole
Loch

homework
Hausaufgaben

honey
Honig

hood
Kapuze

hoop
Reifen

horse
Pferd

hospital
Krankenhaus

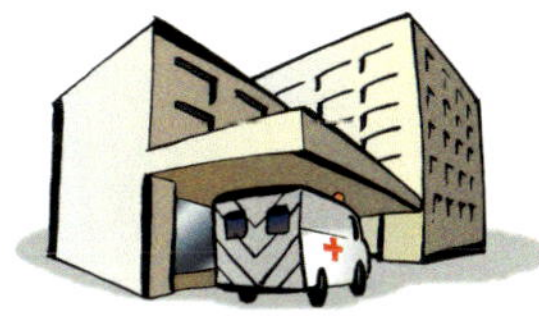

hot-air balloon
Heißluftballon

hot-water bottle
Wärmflasche

hunter
Jäger/in

I i

ice
Eis

ice cream
Eiscreme

ice cream cone
Eiswaffel

ice hockey stick
Eishockeyschläger

ice lolly
Eis am Stiel

ice rink
Eisbahn

icicle
Eiszapfen

in-line skates
Inlineskates

insects
Insekten

island
Insel

a b c d e f g h i j k l m n o p q r s t u v w x y z

J j

jacket
Jacke

jam
Marmelade

jelly babies
Weingummis

jigsaw puzzle
Puzzle

joke
Witz

juggler
Jongleur/in

juice
Saft

jumper
Pullover

jumping jack
Hampelmann

jungle
Dschungel

K k

kangaroo
Känguru

keyboard
Tastatur

kennel
Hundehütte

keyhole
Schlüsselloch

ketchup
Ketchup

king
König

kettle
Wasserkocher

kiss
Kuss

key
Schlüssel

kite
Drachen

kitten
Kätzchen

knee
Knie

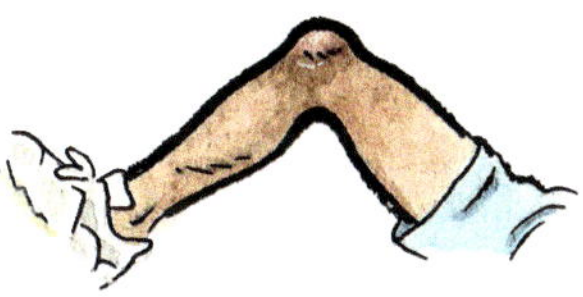

knife
Messer

knight
Ritter

knitting
Strickzeug

knitting needles
Stricknadeln

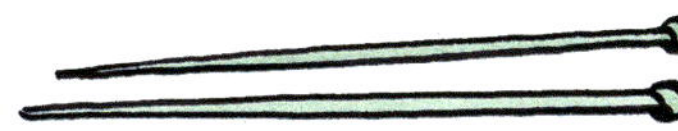

knot
Knoten

koala
Koalabär

L l

lace
Schnürsenkel

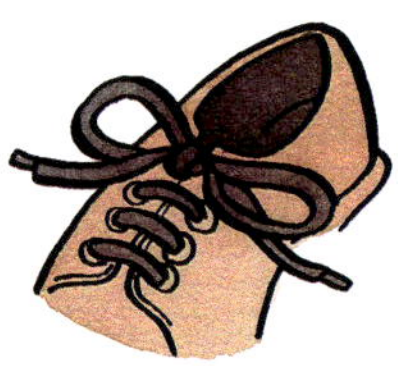

lamp
Lampe

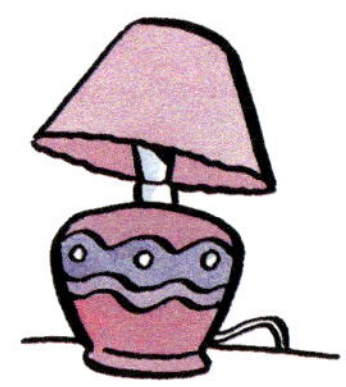

ladder
Leiter

laptop
Laptop

ladybird
Marienkäfer

lasso
Lasso

lake
See

lawn
Rasen

lamb
Lamm

lawnmower
Rasenmäher

lead
Hundeleine

leapfrog
Bockspringen

leaves
Blätter

leg
Bein

lemon
Zitrone

lemonade
Limonade

leopard
Leopard

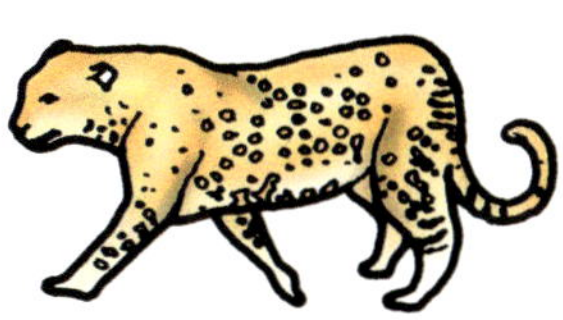

lesson
Unterrichtsstunde

letter
Brief

letter box
Briefschlitz

letters
Buchstaben

lettuce
Kopfsalat

library
Bücherei

lid
Deckel

lift
Fahrstuhl

light
Licht

lightbulb
Glühbirne

lighthouse
Leuchtturm

line
Strich

lion
Löwe

lips
Lippen

lizard
Eidechse

lobster
Hummer

lock
Schloss

lollipop
Lutscher

lorry
Lastwagen

a b c d e f g h i j k l **m** n o p q r s t u v w x y z

Mm

machine
Maschine

magazine
Zeitschrift

magician
Zauberkünstler

magic wand
Zauberstab

man
Mann

map
Landkarte

marble
Murmel

margarine
Margarine

market
Markt

mask
Maske

matches
Streichhölzer

maze
Labyrinth

meadow
Wiese

meat
Fleisch

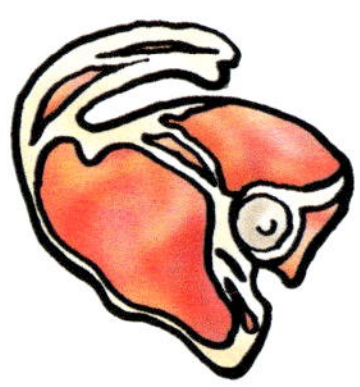

medicine
Medizin

melon
Melone

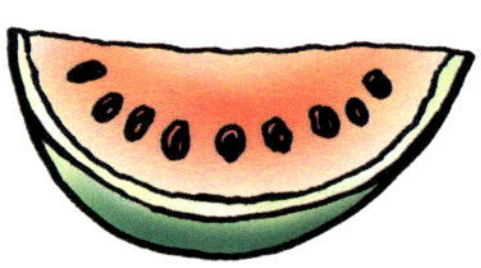

mess
Unordnung

milk
Milch

mineral water
Mineralwasser

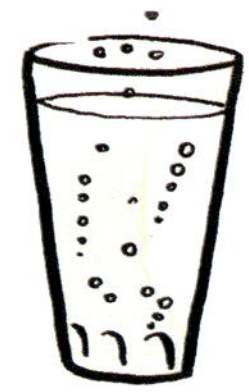

mirror
Spiegel

mittens
Fausthandschuhe

mobile phone
Mobiltelefon

mole
Maulwurf

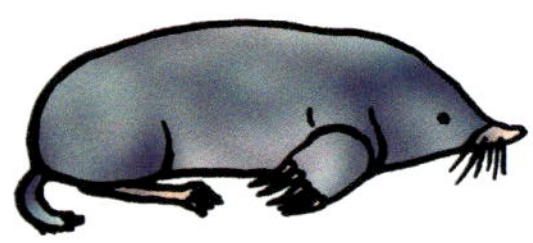

money
Geld

monkey
Affe

monster
Ungeheuer

moon
Mond

mosquito
Mücke

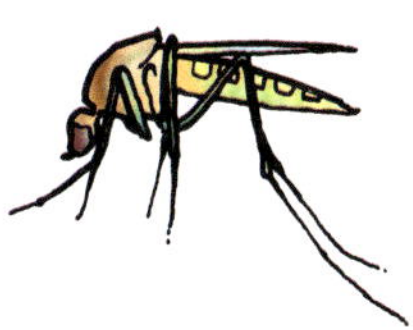

moth
Motte

motorbike
Motorrad

mountain
Berg

mouse
Maus

mousepad
Mauspad

mouth
Mund

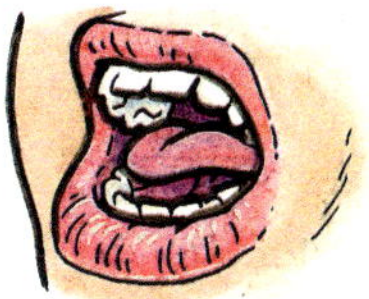

MP3 player
MP3-Player

mushroom
Pilz

music
Musik

musician
Musiker/in

a b c d e f g h i j k l m **n** o p q r s t u v w x y z

N n

nail
Nagel

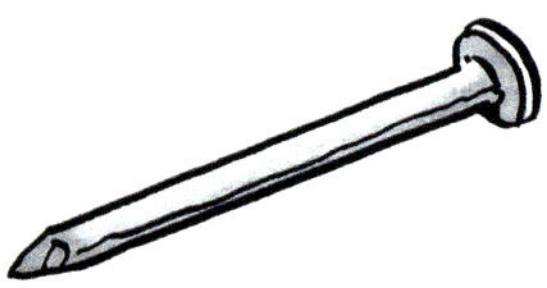

name
Name

nap
Nickerchen

napkin
Serviette

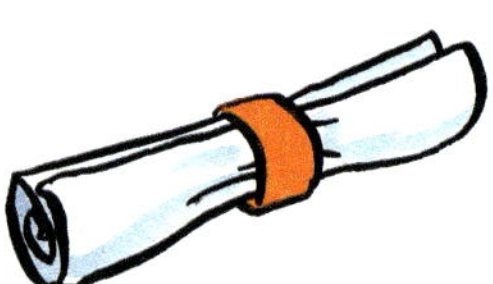

nappy
Windel

nature
Natur

neck
Nacken

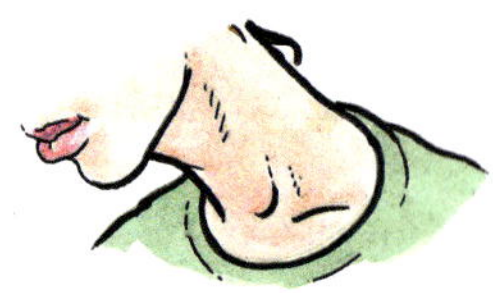

necklace
Halskette

needle
Nadel

neighbour
Nachbar/in

nest
Nest

net
Netz

netbook
Netbook

news
Nachrichten

newspaper
Zeitung

nickname
Spitzname

nightdress
Nachthemd

noise
Lärm

noodles
Nudeln

nose
Nase

note
Note

number
Nummer

nurse
Krankenschwester/
Krankenpfleger

nursery
Kindergarten

nutcracker
Nussknacker

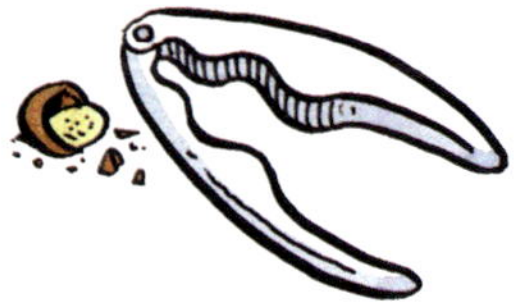

nuts
Nüsse

a b c d e f g h i j k l m n **o** p q r s t u v w x y z

O o

oak
Eiche

orchestra
Orchester

ocean
Ozean

ostrich
Strauß

onion
Zwiebel

oven
Backofen

orange
Apfelsine

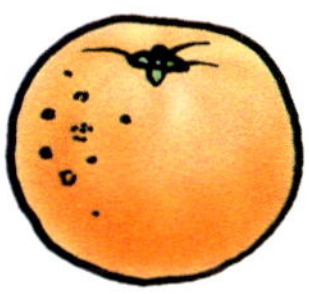

owl
Eule

orange juice
Orangensaft

ox
Ochse

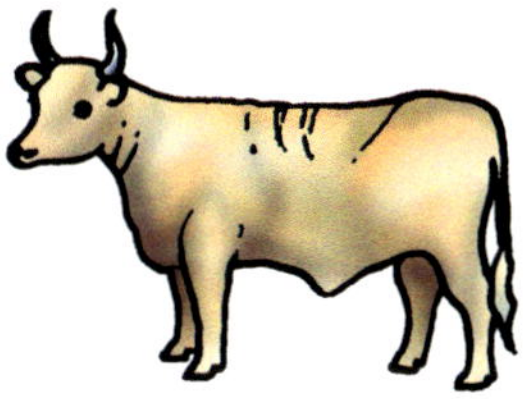

P p

pack of cards
Spielkarten

page
Seite

paint
Farbe

paintbox
Malkasten

paintbrush
Pinsel

palace
Palast

pancake
Pfannkuchen

panda
Pandabär

pansies
Stiefmütterchen

panther
Panther

paper
Papier

parachute
Fallschirm

parcel
Paket

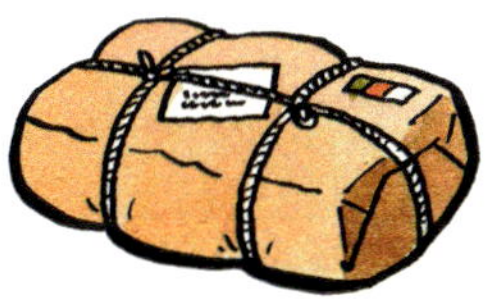

park
Park

parrot
Papagei

pasta
Nudeln

path
Weg

pavement
Bürgersteig

paw
Pfote

peach
Pfirsich

peacock
Pfau

peanuts
Erdnüsse

pear
Birne

peas
Erbsen

pelican
Pelikan

pen
Kugelschreiber

pencil
Bleistift

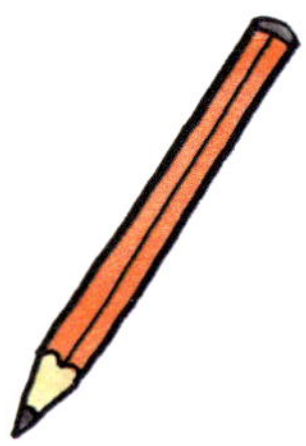

pencil case
Federmäppchen

pencil sharpener
Bleistiftspitzer

penguin
Pinguin

people
Leute

pets
Haustiere

pet zoo
Streichelzoo

phone booth
Telefonzelle

phone number
Telefonnummer

photo
Foto

piano
Klavier

picnic
Picknick

picture
Bild

picture book
Bilderbuch

piece
Stück

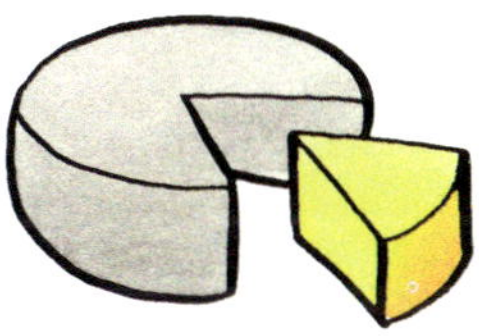

pig
Schwein

pigeon
Taube

piggy bank
Sparschwein

piglet
Ferkel

pillow
Kopfkissen

pilot
Pilot/in

pineapple
Ananas

pine cone
Kiefernzapfen

pirate
Pirat/in

pixie
Kobold

plane
Flugzeug

plaster
Pflaster

plum
Pflaume

plate
Teller

pocket
Tasche

players
Spieler

pocket money
Taschengeld

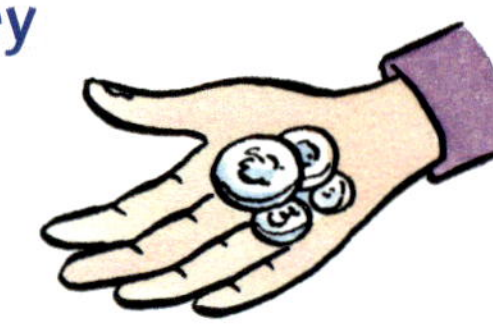

playground
Spielplatz

polar bear
Eisbär

playing cards
Spielkarten

police
Polizei

pliers
Zange

police car
Polizeiwagen

plough
Pflug

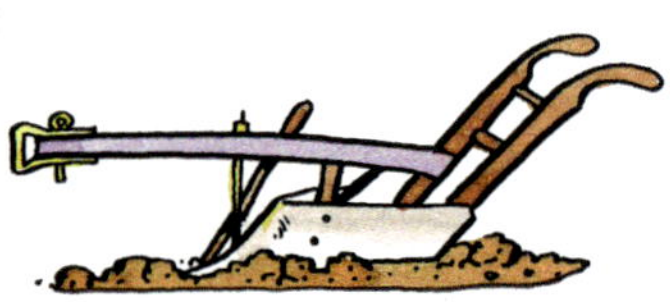

police officer
Polizist/Polizistin

pond
Teich

pony
Pony

poodle
Pudel

postbox
Briefkasten

postcard
Postkarte

poster
Poster

postman
Postbote

post office
Postamt

postwoman
Postbotin

pot
Kochtopf

potato
Kartoffel

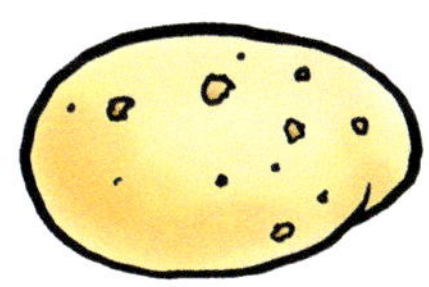

pram
Kinderwagen

present
Geschenk

price
Preis

prince
Prinz

princess
Prinzessin

prize
Preis

pudding
Nachtisch

puddle
Pfütze

pump
Luftpumpe

pumpkin
Kürbis

pupils
Schüler

puppet
Marionette

puppy
junger Hund

purse
Portmonee

pyjamas
Schlafanzug

a b c d e f g h i j k l m n o p q r s t u v w x y z

Q q

quail
Wachtel

question
Frage

quarrel
Streit

question mark
Fragezeichen

quarter
Viertel

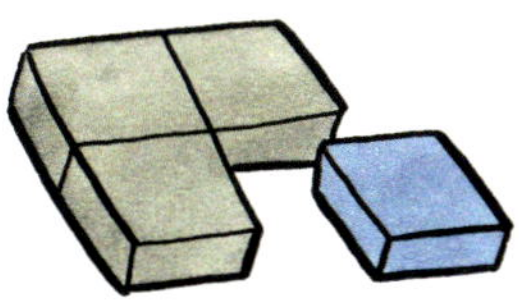

queue
Warteschlange

queen
Königin

quiz
Quiz

R r

rabbit
Kaninchen

rabbit hutch
Kaninchenstall

race
Wettlauf

racing car
Rennwagen

racket
Schläger

radio
Radio

radish
Radieschen

raft
Floß

railway
Eisenbahn(schienen)

railway station
Bahnhof

raincoat
Regenmantel

rake
Harke

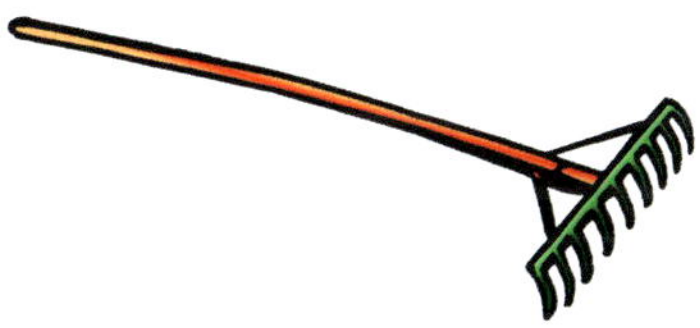

raspberries
Himbeeren

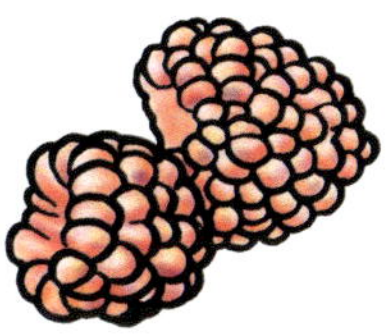

rat
Ratte

raven
Rabe

recorder
Blockflöte

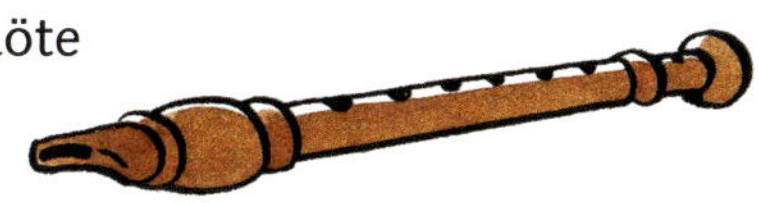

redcurrants
Rote Johannisbeeren

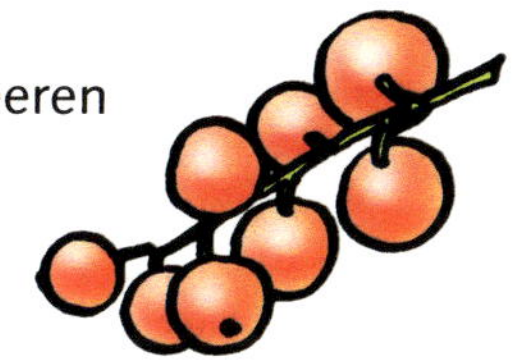

referee
Schiedsrichter/in

reflector
Reflektor

reindeer
Rentier

remote control
Fernbedienung

reporter
Reporter/in

restaurant
Restaurant

rhino
Nashorn

rhyme
Reim

ribbon
Haarschleife

rice
Reis

riddle
Rätsel

riding school
Reitschule

ring
Ring

river
Fluss

road
Landstraße

robin
Rotkehlchen

robot
Roboter

rock
Felsen

rocket
Rakete

roll
Brötchen

roller coaster
Achterbahn

roller skates
Rollschuhe

room
Zimmer

rope
Seil

rose
Rose

roundabout
Karussell

rowing boat
Ruderboot

rubber
Radiergummi

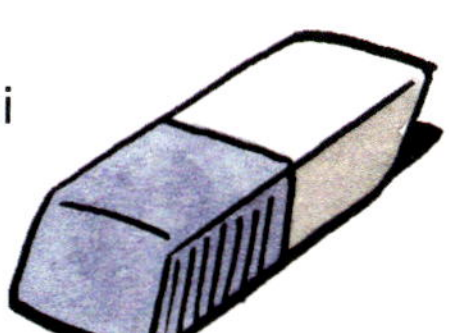

rubber band
Gummiband

rubber dinghy
Schlauchboot

rubber ring
Schwimmring

rubbish
Abfall

rucksack
Rucksack

ruler
Lineal

runner
Läufer/in

S s

sack
Sack

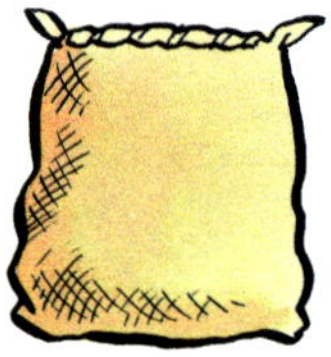

saddle
Sattel

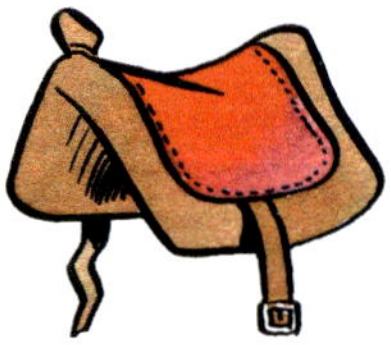

safety belt
Sicherheitsgurt

safety pin
Sicherheitsnadel

sail
Segel

sailing boat
Segelboot

sailor
Matrose

salad
Salat

salt
Salz

sand
Sand

sandals
Sandalen

sandcastle
Sandburg

sandpit
Sandkiste

satchel
Schulranzen

saucer
Untertasse

saucepan
Kochtopf

sausages
Würstchen

saw
Säge

scarecrow
Vogelscheuche

scarf
Schal

school
Schule

school bag
Schultasche

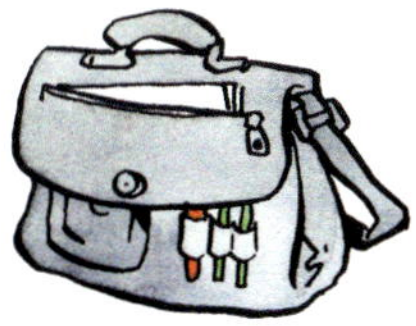

school playground
Schulhof

scissors
Schere

scooter
Tretroller

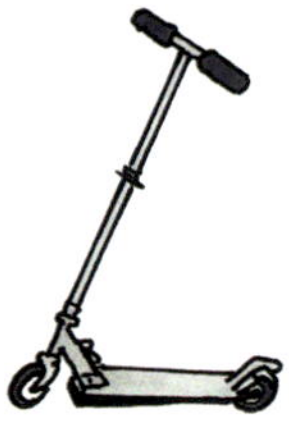

scout
Pfadfinder/in

screen
Leinwand

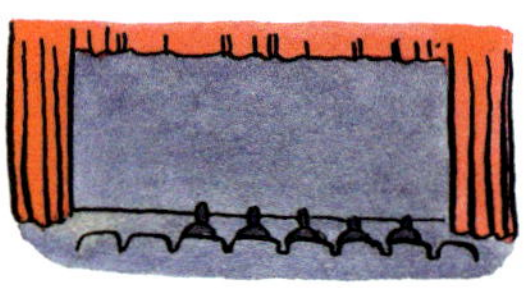

screen
Bildschirm

screw
Schraube

screwdriver
Schraubenzieher

sea
Meer

seagull
Möwe

seal
Seehund

sea lion
Seelöwe

seashell
Muschel

seesaw
Wippe

sewing machine
Nähmaschine

shark
Hai

shed
Schuppen

shorts
Shorts

sheep
Schaf

shoulder
Schulter

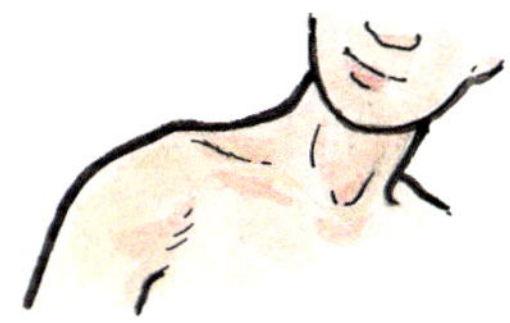

ship
Schiff

shovel
Schaufel

shirt
Hemd

shower
Dusche

shoes
Schuhe

shuttlecock
Federball

shop
Geschäft

sign
Schild

shop assistant
Verkäufer/in

singer
Sänger/in

sink
Spüle

skates
Schlittschuhe

skipping rope
Springseil

skirt
Rock

skis
Skier

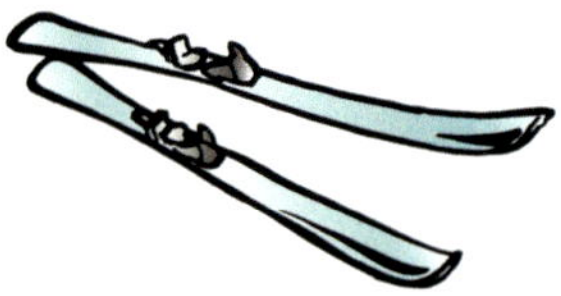

ski sticks
Skistöcke

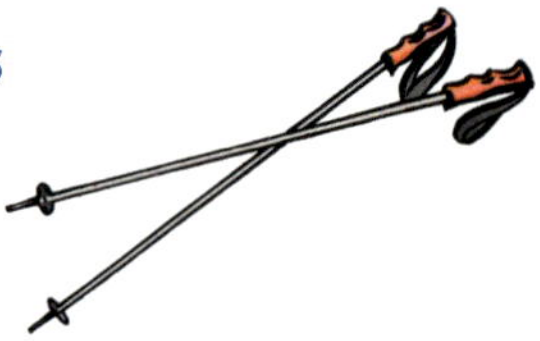

ski suit
Skianzug

sky
Himmel

skyscraper
Wolkenkratzer

sledge
Schlitten

slide
Rutsche

slippers
Hausschuhe

smoke
Rauch

snail
Schnecke

snake
Schlange

song
Lied

snorkel
Schnorchel

sore throat
Halsschmerzen

snowdrop
Schneeglöckchen

soup
Suppe

soap
Seife

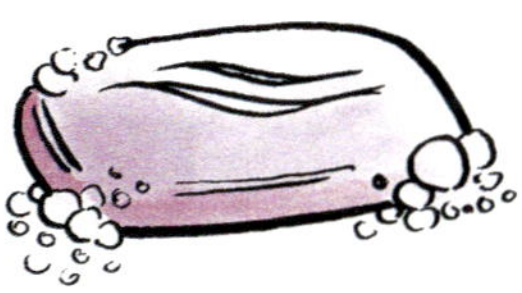

spaceship
Raumschiff

soap bubbles
Seifenblasen

spade
Spaten

socks
Socken

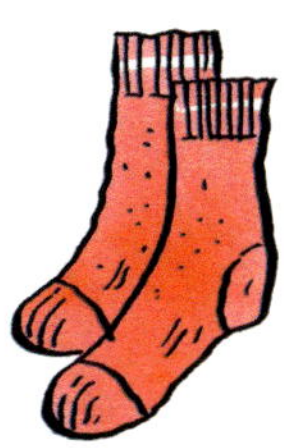

spanner
Schraubenschlüssel

sofa
Sofa

sparrow
Spatz

spider
Spinne

sponge
Schwamm

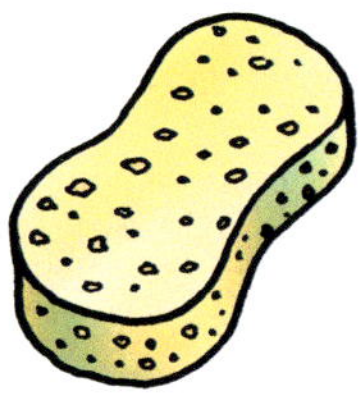

spoon
Löffel

sport
Sport

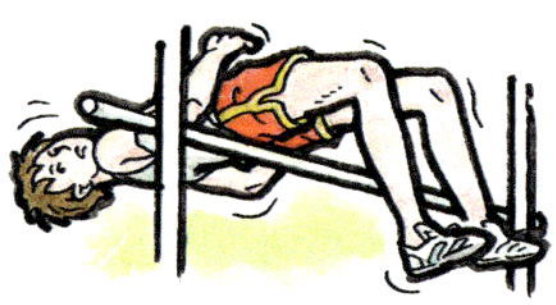

sports car
Sportwagen

squirrel
Eichhörnchen

stable
Stall

stadium
Stadion

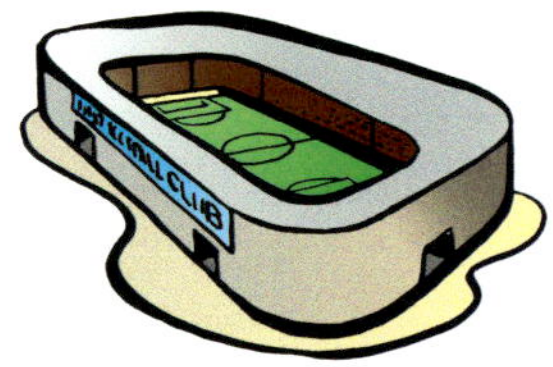

stamp
Briefmarke

starfish
Seestern

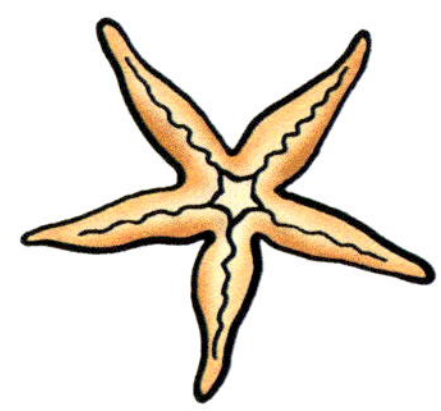

steering wheel
Lenkrad

step
Stufe

stepladder
Trittleiter

stereo
Stereoanlage

stick
Stock

stones
Steine

stool
Hocker

stork
Storch

story book
Geschichtenbuch

straw
Stroh

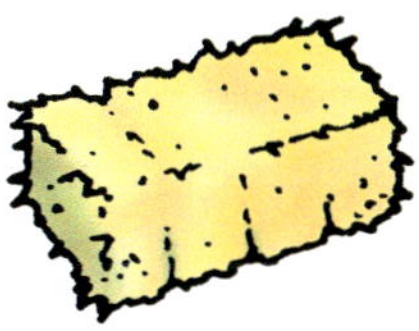

straw
Strohhalm

strawberries
Erdbeeren

stream
Bach

street
Straβe

string
Bindfaden

submarine
U-Boot

sugar
Zucker

suit
Anzug

suitcase
Koffer

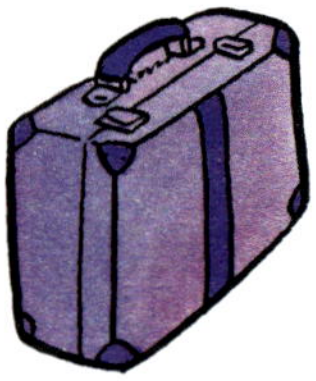

sunflower
Sonnenblume

sunglasses
Sonnenbrille

surfboard
Surfbrett

swallow
Schwalbe

swan
Schwan

sweets
Bonbons

swimming cap
Badekappe

swimming pool
Schwimmbad

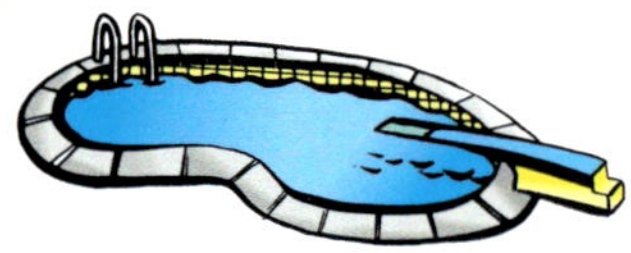

swimming trunks
Badehose

swimsuit
Badeanzug

swing
Schaukel

sword
Schwert

a b c d e f g h i j k l m n o p q r s **t** u v w x y z

T t

table
Tisch

table tennis bat
Tischtennisschläger

tadpole
Kaulquappe

tail
Schwanz

tambourine
Tamburin

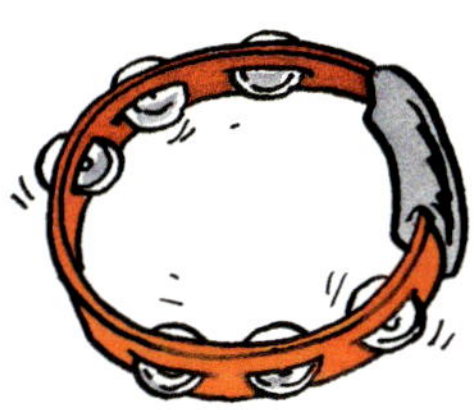

tangerine
Mandarine

tea
Tee

teacher
Lehrer/in

teapot
Teekanne

teddy bear
Teddybär

teeth
Zähne

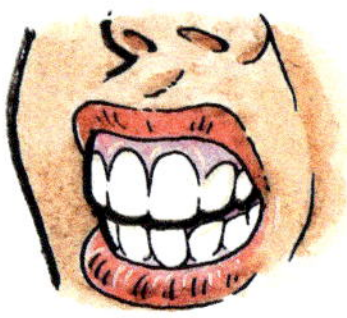

telephone
Telefon

television
Fernseher

tennis court
Tennisplatz

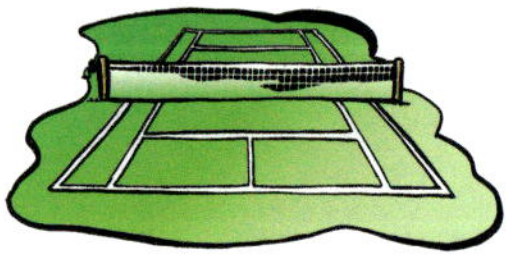

tennis racket
Tennisschläger

tent
Zelt

theatre
Theater

thermometer
Fieberthermometer

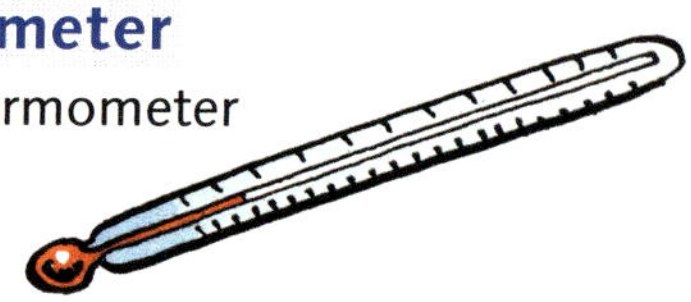

thief
Dieb/in

throat
Hals

throne
Thron

thumb
Daumen

ticket
Fahrkarte

tie
Krawatte

tiger
Tiger

tights
Strumpfhose

timetable
Stundenplan

tin
Dose

tissues
Papiertaschentücher

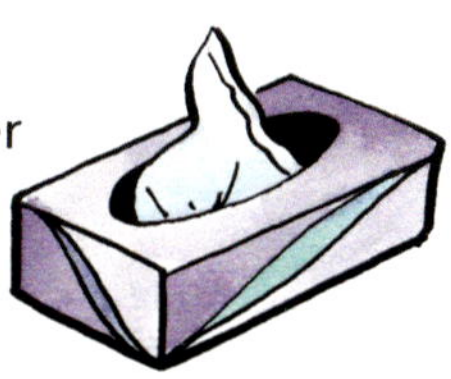

toast
Toast

toes
Zehen

toilet
Toilette

tomato
Tomate

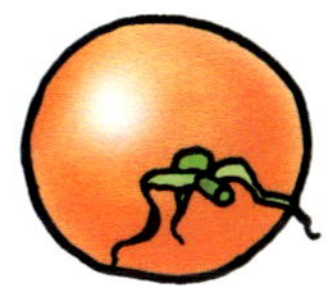

tongue
Zunge

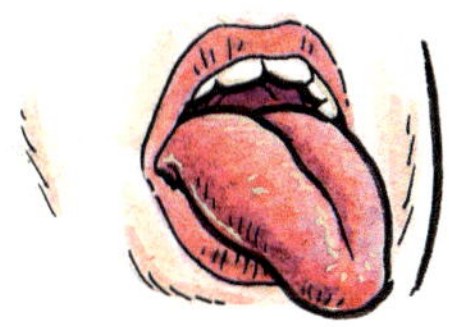

tools
Werkzeuge

toothache
Zahnschmerzen

toothbrush
Zahnbürste

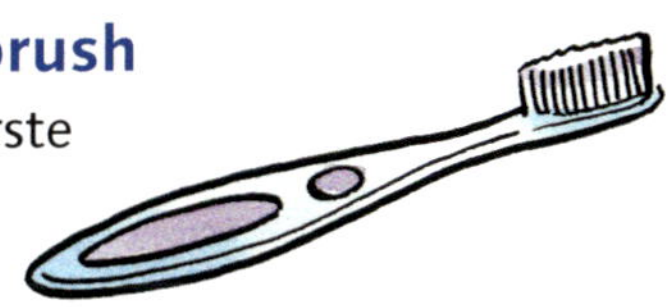

toothpaste
Zahnpasta

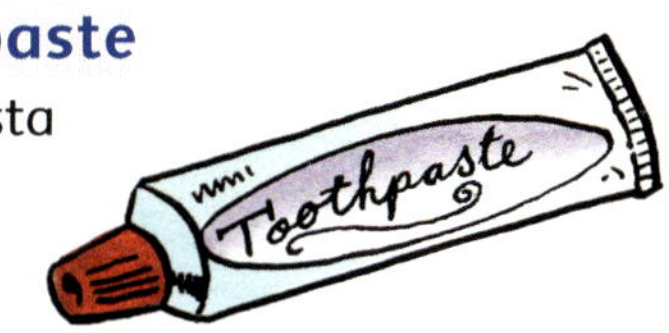

torch
Taschenlampe

tortoise
Schildkröte

towel
Handtuch

tower
Turm

town
Stadt

toys
Spielzeug

tracksuit
Trainingsanzug

tractor
Traktor

traffic
Verkehr

traffic lights
Ampel

traffic sign
Verkehrsschild

trailer
Anhänger

train
Zug/Eisenbahn

train driver
Lokomotivführer/in

trainers
Turnschuhe

training bike
Laufrad

train set
Modelleisenbahn

treasure
Schatz

tree
Baum

triangle
Triangel

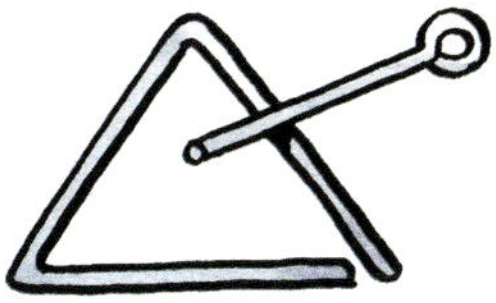

tricycle
Dreirad

trolley
Einkaufswagen

trousers
Hose

trumpet
Trompete

tulip
Tulpe

tunnel
Tunnel

turtle
Wasserschildkröte

twig
Zweig

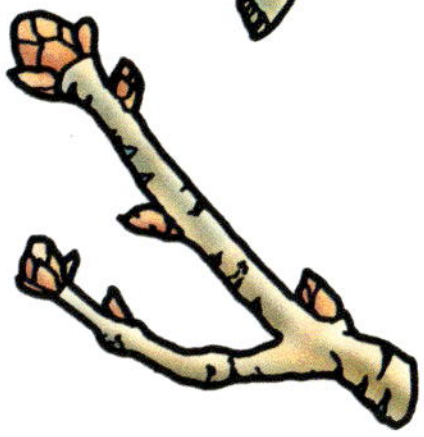

twins
Zwillinge

tyre
Reifen

a b c d e f g h i j k l m n o p q r s t u v w x y z

U u

umbrella
Regenschirm

unicorn
Einhorn

underground
U-Bahn

unicycle
Einrad

underpants
Unterhose

uniform
Uniform

V v

vacuum cleaner
Staubsauger

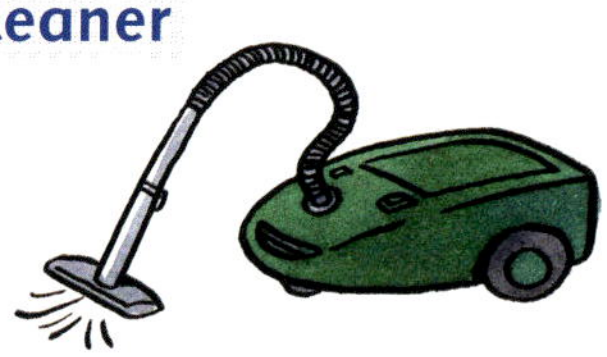

veil
Schleier

valley
Tal

vest
Unterhemd

van
Lieferwagen

village
Dorf

vase
Vase

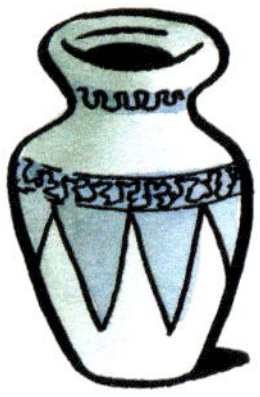

violin
Geige

vegetables
Gemüse

volcano
Vulkan

W w

waffle
Waffel

washbasin
Waschbecken

wall
Mauer

washing machine
Waschmaschine

wallpaper
Tapete

wasp
Wespe

walnut
Walnuss

waste-paper basket
Papierkorb

wardrobe
Kleiderschrank

watch
Armbanduhr

water
Wasser

waterfall
Wasserfall

watering can
Gießkanne

water lily
Seerose

wave
Welle

wellingtons
Gummistiefel

whale
Wal

wheel
Rad

wheelbarrow
Schubkarre

whistle
Trillerpfeife

windscreen wiper
Scheibenwischer

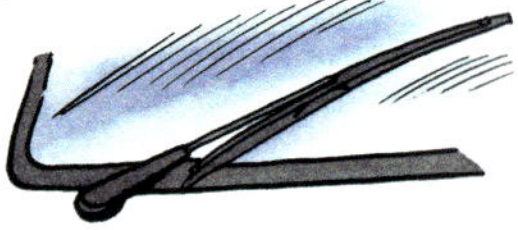

wing
Flügel

winner
Gewinner/in

witch
Hexe

wizard
Zauberer

wolf
Wolf

woman
Frau

wood
Holz

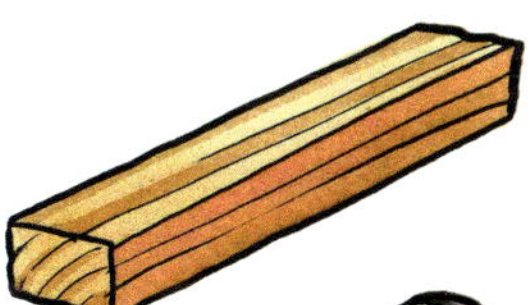

woodpecker
Specht

wool
Wolle

woolly hat
Strickmütze

words
Wörter

work
Arbeit

world
Welt

worm
Wurm

X x Y y

x-ray
Röntgenbild

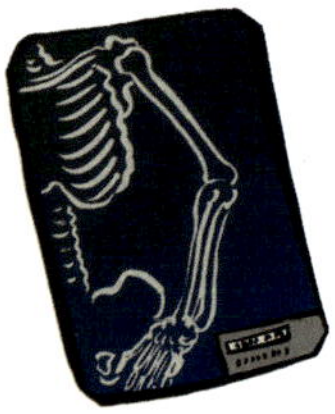

xylophone
Xylophon

yogurt
Joghurt

Zz

zebra
Zebra

zebra crossing
Zebrastreifen

zip
Reißverschluss

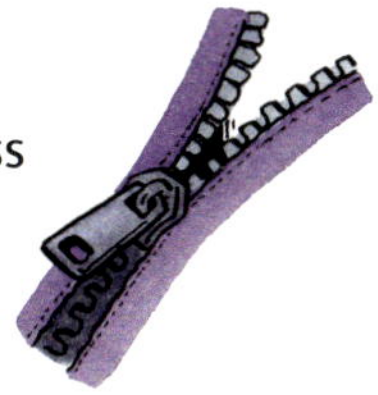

zoo
Zoo

zookeeper
Tierwärter

Colours

Farben

black
schwarz

white
weiß

grey
grau

yellow
gelb

orange
orange

red
rot

pink
rosa

brown
braun

green
grün

blue
blau

purple
lila

Numbers

Zahlen

0 zero

1 one

2 two

3 three

4 four

5 five

6 six

7 seven

8 eight

9 nine

10 ten

11 eleven

12 twelve

13 thirteen

14 fourteen

15 fifteen

16 sixteen

17 seventeen

18 eighteen

19 nineteen

20 twenty

Shapes

Formen

square
Quadrat

rectangle
Rechteck

triangle
Dreieck

circle
Kreis

cross
Kreuz

heart
Herz

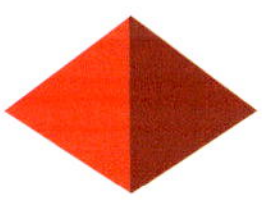

pyramid
Pyramide

$10 - 3 = 7$ ten minus three is seven

$4 + 8 = 12$ four plus eight is twelve

My family

Meine Familie

Our house

Unser Haus

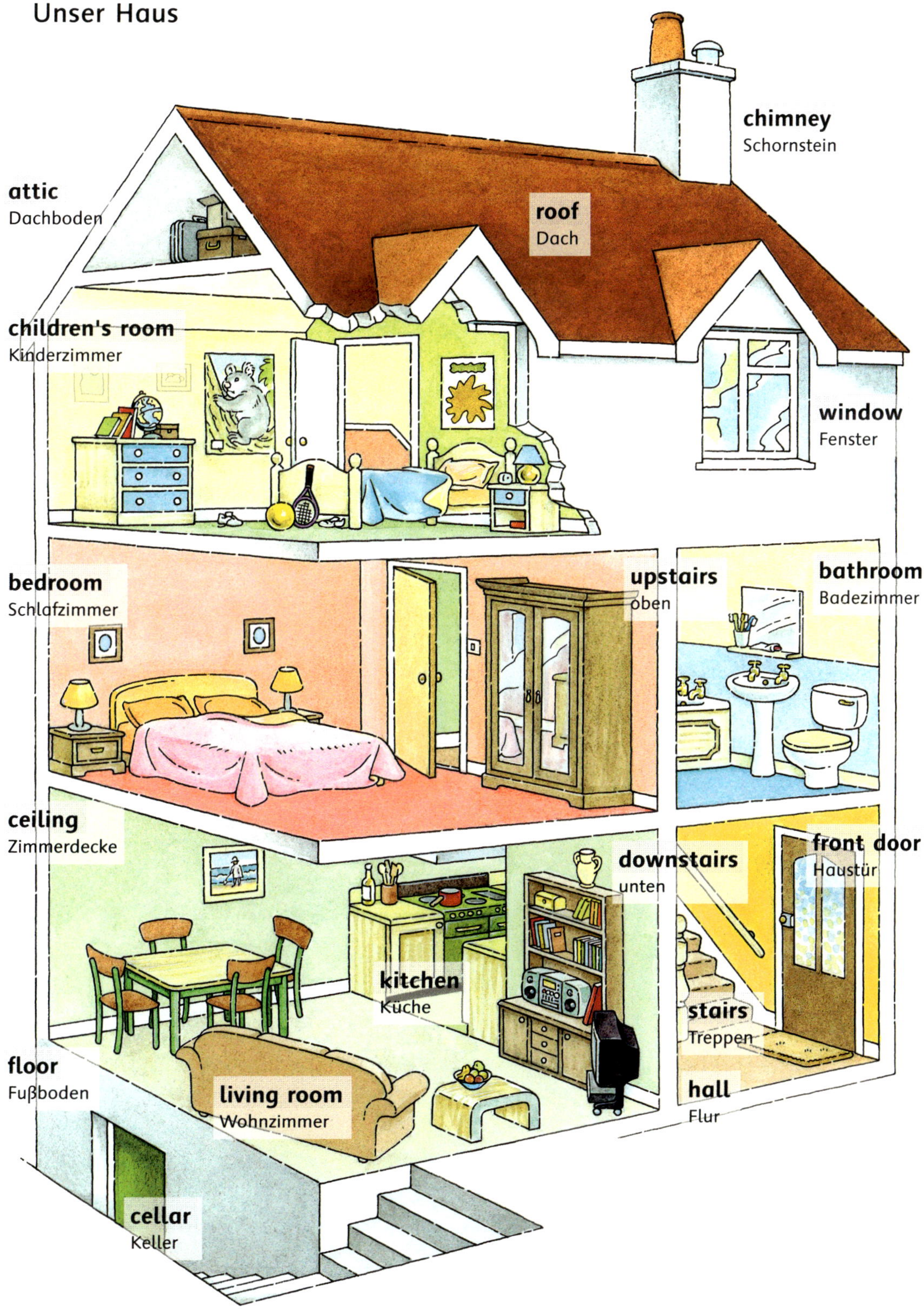

Big and small

Groß und klein

big
groß

small
klein

clean
sauber

dirty
schmutzig

dry
trocken

wet
nass

high
hoch

deep
tief

left
links

right
rechts

long
lang

short
kurz

sweet
süß

sour
sauer

thin
dünn

thick
dick

easy
einfach

difficult
schwierig

fast
schnell

slow
langsam

happy
glücklich

sad
traurig

hard
hart

soft
weich

loud
laut

quiet
leise

new
neu

old
alt

right
richtig

wrong
falsch

good
gut

bad
schlecht

tidy
ordentlich

untidy
unordentlich

full
voll

empty
leer

Where are they?

Wo sind sie?

first
erster
second
zweiter
third
dritter
last
letzter
down
herunter
through
durch
under
unter
on
auf
in
in
beside
neben

What you can do 1

Was du tun kannst 1

uild
uen
I love
Ich lie
take off
ausziehen
drive
fahren
ycle
ad fahren
bring
bringen
roller skate
Rollschuh fahren
drink
trinken
play
spielen
eat
essen
put on
anziehen
give
geben
take
nehmen
look for
suchen
hide
sich verstecken

What you can do 2

Was du tun kannst 2

jump
springen
climb
klettern
throw
werfen
catch
fangen
skip
Seil springen
kick
treten
fall
hinfallen
run
rennen
sit
sitzen
get up
aufstehen
stand
stehen
lie
liegen
pull
ziehen
push
schieben

What's the time?

Wie spät ist es?

clock
Uhr

big hand
großer Zeiger

small hand
kleiner Zeiger

one hour = 60 minutes eine Stunde = 60 Minuten	**half an hour = 30 minutes** eine halbe Stunde = 30 Minuten
a quarter of an hour = 15 minutes eine Viertelstunde = 15 Minuten	**one minute = 60 seconds** eine Minute = 60 Sekunden

four o'clock
vier Uhr

half past four
halb fünf

five to four
fünf vor vier

ten past four
zehn nach vier

a quarter to four
Viertel vor vier

a quarter past four
Viertel nach vier

Day and night

Tag und Nacht

A year has 12 months
Ein Jahr hat 12 Monate

The months
Die Monate

January
Januar

February
Februar

March
März

April
April

May
Mai

June
Juni

July
Juli

August
August

September
September

October
Oktober

November
November

December
Dezember

Calendar
Kalender

January

Monday *Montag*	1	8	15	22	29
Tuesday *Dienstag*	2	9	16	23	30
Wednesday *Mittwoch*	3	10	17	24	31
Thursday *Donnerstag*	4	11	18	25	
Friday *Freitag*	5	12	19	26	
Saturday *Samstag*	6	13	20	27	
Sunday *Sonntag*	7	14	21	28	

The days of the week
Die Wochentage

Monday
Montag

yesterday
gestern

Tuesday
Dienstag

today
heute

Wednesday
Mittwoch

tomorrow
morgen

Thursday
Donnerstag

Friday
Freitag

Saturday
Samstag / Sonnabend

the weekend
Wochenende

Sunday
Sonntag

The weather

Das Wetter

The four seasons

Die vier Jahreszeiten

autumn
Herbst

winter
Winter

snowman
Schneemann

New Year's Eve
Silvester

New Year
Neujahr

Happy New Year!
Frohes neues Jahr!

Thanksgiving
Erntedankfest

Hallowe'en
Tag vor Allerheiligen

Happy Thanksgiving!
Frohes Erntedankfest!

turkey
Truthahn

pumpkin pie
Kürbiskuchen

Remembrance Day
Volkstrauertag

poppy
Mohn

Deutsch-englisches Wörterverzeichnis

A B C D E F G H I J K L M N O P Q R S T U V W X Y Z

A

Abend evening 91
Abendbrotzeit dinnertime 91
Abfall rubbish
Abfalleimer bin
acht eight 78
Achterbahn roller coaster
achtzehn eighteen 78
Adler eagle
Adresse address
Affe monkey
Akrobaten acrobats
Album album
Alligator alligator
alt old 83
Ameise ant
Ampel traffic lights
Amsel blackbird
Ananas pineapple
Angel fishing rod
Angeln fishing
Angler/in angler
Anhänger trailer
Anker anchor
Anorak anorak
anziehen put on 87
Anzug suit
Apfel apple
Apfelsine orange
April April 92
Aquarium aquarium
Aquarium fish tank
Arbeit work
Arm arm
Armband bracelet
Armbanduhr watch
Arzt/Ärztin doctor
Astronaut/in astronaut
Atlas atlas
auf on 85
Auf Wiedersehen goodbye
aufmachen open 86
aufstehen get up 89
aufwachen wake up 88
Auge eye
Augenbraue eyebrow
August August 92
ausziehen take off 87
Auto car
Axt axe

B

Baby baby
Bach stream
Bäcker/in baker
Backofen oven
Badeanzug swimsuit
Badehose swimming trunks
Badekappe swimming cap
Badewanne bath
Badezimmer bathroom 81
Bagger digger
Bahnhof railway station
Ball ball
Banane banana
Bär bear
Batterie battery
Bauch belly
bauen build 87
Bauer/Bäuerin farmer
Bauernhaus farmhouse
Bauernhof farm
Baum tree
Bein leg
Berg mountain
Besen broom
Bett bed
Biene bee
Bild picture
Bilderbuch picture book
Bildschirm screen
Bindfaden string
Birne pear
Blätter leaves
blau blue 78
Bleistift pencil
Bleistiftspitzer pencil sharpener
Blitz lightening 93
Blockflöte recorder
Blume flower
Blumenbeet flower bed
Blumentopf flower pot
Bockspringen leapfrog
Bogen bow
Bohnen beans
Bohrmaschine drill
Bonbons sweets
Boot boat
Bratpfanne frying pan
braun brown 78
Brett board
Brettspiel board game
Brief letter
Briefkasten postbox
Briefmarke stamp
Briefschlitz letter box
Briefumschlag envelope
Brille glasses
bringen bring 87
Brombeere blackberry
Brot bread
Brötchen roll
Brücke bridge
Bruder brother 80
Buch book
Bücherei library
Bücherregal bookshelf
Buchstaben letters
Burg castle
Bürgersteig pavement
Bus bus
Busch bush
Bushaltestelle bus stop
Butter butter

C

CD-Spieler CD player
Computer computer
Computerspiel computer game

D

Dach roof 81
Dachboden attic 81
Daumen thumb
Decke blanket
Deckel lid
Delfin dolphin
Detektiv/in detective
Dezember December 92
dick thick 82
Dieb/in thief
Dienstag Tuesday 92
Digitalkamera digital camera
Dinosaurier dinosaur
Donnerstag Thursday 92
Doppeldeckerbus double-decker bus
Dorf village
Dose can
Dose tin
Drache dragon
Drachen kite
drei three 78
Dreieck triangle 79
Dreirad tricycle
dreizehn thirteen 78
dritter third 85
Dschungel jungle
du you 86
dunkel dark 91
dünn thin 82
durch through 85
Dusche shower
DVD-Player DVD player

E

Echo echo
Ei egg
Eiche oak
Eichel acorn
Eichhörnchen squirrel
Eidechse lizard
Eierbecher eggcup
Eierschale eggshell
Eimer bucket
einfach easy 82
Einhorn unicorn
Einkaufswagen trolley
Einrad unicycle
eins one 78
Eis ice
Eis am Stiel ice lolly
Eisbahn ice rink
Eisbär polar bear
Eiscreme ice cream
Eisenbahn(schienen) railway
Eishockeyschläger ice hockey stick
Eiswaffel ice cream cone
Eiszapfen icicle
Elch elk
Elefant elephant
elf eleven 78
Elf/Elfe elf
Ellenbogen elbow
Eltern parents 80
Ende end
Engel angel
Ente duck
Erbsen peas
Erdbeeren strawberries
Erde earth
Erdnüsse peanuts
Erntedankfest Thanksgiving 96
erster first 85
Erwachsene adults
Esel donkey
Essen food
essen eat 87
Eule owl
Experiment experiment

F

Fabrik factory
Fahne flag
Fähre ferry
fahren drive 87
Fahrer/in driver
Fahrkarte ticket
Fahrrad bike
Fahrradlenker handlebar
Fahrstuhl lift
Fallschirm parachute
falsch wrong 83
Familie family
Familienname family name
fangen catch 89
Farbe paint
Farben colours 78
Fausthandschuhe mittens
Februar February 92
Feder feather
Federball shuttlecock
Federmäppchen pencil case
Fee fairy
Feld field
Fell fur
Felsen rock
Fenster window 81
Ferkel piglet
Fernbedienung remote control
Fernglas binoculars
Fernseher television
Feuer fire
Feuerwehrauto fire engine
Feuerwehrmann/Feuerwehrfrau firefighter
Feuerwerk fireworks
Fieberthermometer thermometer
Film film
Filzstift felt tip
Finger finger
Fingerhandschuhe gloves
Fingernagel fingernail
Fisch fish
Fischer fisherman
Fischstäbchen fish fingers
Flachbildschirm-Fernseher flatscreen TV
Flasche bottle
Fledermaus bat

Fleisch meat
Fliege fly
Floß raft
Flügel wing
Flughafen airport
Flugzeug plane
Flur hall 81
Fluss river
flüstern whisper 88
Fohlen foal
Fön hairdryer
Formen shapes 79
Foto photo
Fotoapparat camera
Frage question
Fragezeichen question mark
Frau woman
Freitag Friday 92
Freund/in friend
Friseur/in hairdresser
Frohe Ostern! Happy Easter! 94
Frohe Weihnachten! Merry Christmas! 94
Frohes Erntedankfest! Happy Thanksgiving! 96
Frohes neues Jahr! Happy New Year! 95
Frosch frog
Frost frost 93
Frühling spring 94
Frühstück breakfast 91
Fuchs fox
Füller fountain pen
fünf five 78
fünf vor vier five to four 90
fünfzehn fifteen 78
Fuß foot
Fußball football
Fußballspiel football match
Fußboden floor 81

G

Gabel fork
Gans goose
Gänseblümchen daisy
Garage garage
Gardine curtain
Garten garden
geben give 87
Geburtstag birthday
gegenüber opposite 84
Geige violin
gelb yellow
Geld money
Gemüse vegetables
Geschäft shop
Geschenk present
Geschichtenbuch story book
Gesicht face
Gespenst ghost
gestern yesterday 92
Getränk drink
Gewinner/in winner
Gewitter thunderstorm 93
Gießkanne watering can
Giraffe giraffe
Gitarre guitar
Glas glass
Glocke bell
glücklich happy 83
Glühbirne lightbulb
Goldfisch goldfish
Gorilla gorilla
Grapefruit/Pampelmuse grapefruit
Gras grass
Grashüpfer grasshopper
grau grey 78
groß big 82
Großeltern grandparents 80
großer Zeiger big hand 90
Großmutter grandmother 80
Großvater grandfather 80
grün green 78
Gummiband rubber band
Gummistiefel wellingtons
Gurke cucumber
Gürtel belt
gut good 83
Gute Nacht Good night 91
Guten Abend Good evening 91
Guten Morgen Good morning 91
Guten Tag Good afternoon 91

H

Haar hair
Haarbürste hairbrush
Haarreifen hairband
Haarschleife ribbon
Hafen harbour
Hahn cock
Hai shark
halbe Stunde half an hour 90
halb fünf half past four 90
Hals throat
Halskette necklace
Halsschmerzen sore throat
Hammer hammer
Hampelmann jumping jack
Hamster hamster
Hand hand
Handfeger brush
Handtuch towel
Harke rake
hart hard 83
Hase hare
Haselnüsse hazelnuts
Haus house
Hausaufgaben homework
Hausschuhe slippers
Haustiere pets
Haustür front door 81
Hecke hedge
heiß hot 93
Heißluftballon hot-air balloon
hell light 91
Hemd shirt
Henne hen

Herbst autumn 95
herunter down 85
Herz heart 79
Heu hay
heute today 92
Hexe witch
Himbeeren raspberries
Himmel sky
hinfallen fall 89
hinter behind 84
Hitze heat 93
hoch high 82
hoch up 84
Hocker stool
Holz wood
Honig honey
hören hear 88
Hose trousers
Hubschrauber helicopter
Hügel hill
Huhn chicken
Hühnerstall henhouse
Hummer lobster
Hund dog
Hundehütte kennel
Hundeleine lead
Hut hat

I

Igel hedgehog
in in 85
Inlineskates in-line skates
Insekten insects
Insel island

J

Jacke jacket
Jäger/in hunter
Jahr year 92
Jahreszeiten seasons 94
Januar January 92
Joghurt yogurt
Jongleur/in juggler
Juli July 92
Junge boy
junger Hund puppy
Juni June 92

K

Käfer beetle
Kaffee coffee
Käfig cage
Kalb calf
Kalender calendar 92
kalt cold 93
Kamel camel
Kamm comb
Kanarienvogel canary
Känguru kangaroo
Kaninchen rabbit
Kaninchenstall rabbit hutch
Kapuze hood
Karotte carrot
Kartoffel potato
Kartoffelchips crisps
Karussell roundabout
Käse cheese
Kätzchen kitten
Katze cat
Kaufhaus department store
Kaulquappe tadpole
Keks biscuit
Keller cellar 81
Kerze candle
Ketchup ketchup
Kiefernzapfen pine cone
Kind child
Kinder children 80
Kindergarten nursery
Kinderwagen pram
Kinderzimmer children's room 81
Kinn chin
Kino cinema
Kipplader dumper truck
Kirche church
Kirschen cherries
Kissen cushion
Kiste box
Klassenzimmer classroom
klatschen clap 88
Klavier piano
Kleid dress
Kleiderschrank wardrobe
Kleidung clothes
klein small 82
kleiner Zeiger small hand 90
klettern climb 89
Knie knee
Knochen bone
Knopf button
Knoten knot
Koalabär koala
Kobold pixie
Koch chef
Kochtopf pot
Kochtopf saucepan
Koffer suitcase
Kofferraum boot
Kohl(kopf) cabbage
Kokosnuss coconut
König king
Königin queen
Kopf head
Kopfkissen pillow
Kopfsalat lettuce
Korb basket
Kran crane
Krankenhaus hospital
Krankenschwester/ Krankenpfleger nurse
Krankenwagen ambulance
Krawatte tie
Krebs crab
Kreide chalk
Kreis circle 79
Kreuz cross 79
Krokodil crocodile
Krone crown
Küche kitchen 81
Kuchen cake
Kugelschreiber pen

Kuh cow
Kühlschrank fridge
Kürbis pumpkin
Kürbiskuchen pumpkin pie 96
kurz short 82
Kuscheltier cuddly toy
Kuss kiss

L

Labyrinth maze
lachen laugh 88
Lamm lamb
Lampe lamp
Landkarte map
Landstraße road
lang long 82
langsam slow 83
Laptop laptop
Lärm noise
Lasso lasso
Lastwagen lorry
Latzhose dungarees
Läufer/in runner
Laufrad training bike
laut loud 83
leer empty 83
Lehrer/in teacher
Leinwand screen
leise quiet 83
Leiter ladder
Lenkrad steering wheel
Leopard leopard
lesen read 86
letzter last 85
Leuchtturm lighthouse
Leute people
Licht light
Lied song
Lieferwagen van
liegen lie 89
Liegestuhl deckchair
lila purple 78
Limonade lemonade
Lineal ruler
links left 82
Lippen lips
Loch hole
Löffel spoon
Lokomotive engine
Lokomotivführer/in train driver
Löwe lion
Löwenzahn dandelion
Luftballon balloon
Luftpumpe pump
Lutscher lollipop

M

Mädchen girl
Mai May 92
Malkasten paintbox
Mandarine tangerine
Mann man
Mantel coat
Märchen fairy tale
Margarine margarine
Marienkäfer ladybird
Marionette puppet
Markt market
Marmelade jam
März March 92
Maschine machine
Maske mask
Matrose sailor
Mauer wall
Maulwurf mole
Maus computer mouse
Maus mouse
Mauspad mousepad
Medizin medicine
Meer sea
Meerschweinchen guinea pig
mein my 80
Melone melon
Messer knife
Milch milk
Mineralwasser mineral water
minus minus 79
Minute minute 90
Mittagessen lunch 91
Mittagszeit lunchtime 91
Mitternacht midnight 91
Mittwoch Wednesday 92
Mobiltelefon mobile phone
Modelleisenbahn train set
Mohn poppy 96
Monat month
Mond moon
Montag Monday 92
Morgen morning 91
morgen tomorrow 92
Morgenmantel dressing gown
Motor engine
Motorrad motorbike
Motte moth
Möwe seagull
MP3-Player MP3 player
Mücke mosquito
Mund mouth
Murmel marble
Muschel seashell
Musik music
Musiker/in musician
Mutter mother 80
Mütze cap

N

Nachbar/in neighbour
Nachmittag afternoon 91
Nachrichten news
Nacht night 91
Nachthemd nightdress
Nachtisch pudding
Nachttisch bedside table
Nacken neck
Nadel needle
Nagel nail
Nähmaschine sewing machine
Name name
Nase nose
Nashorn rhino
nass wet 82
Natur nature

Nebel fog 93
neben beside 85
nehmen take 87
Nest nest
Netz net
neu new 83
Neujahr New Year 95
neun nine 78
neunzehn nineteen 78
Nickerchen nap
Nilpferd hippo
Note note
November November 92
Nudeln noodles
Nudeln pasta
null zero 78
Nummer number
Nüsse nuts

O

oben upstairs 81
Obst fruit
Ochse ox
Ohr ear
Ohrring earring
Oktober October 92
Onkel uncle 80
orange orange 78
Orangensaft orange juice
Orchester orchestra
ordentlich tidy 83
Osterei Easter egg 94
Osterglocke daffodil
Ostern Easter 94
Ozean ocean

P

Paket parcel
Palast palace
Pandabär panda
Panther panther
Papagei parrot
Papier paper
Papierkorb waste-paper basket
Papiertaschentücher tissues
Park park
Pelikan pelican
Pfadfinder/in scout
Pfannkuchen pancake
Pfau peacock
Pfeil arrow
Pferd horse
Pfirsich peach
Pflaster plaster
Pflaume plum
Pflug plough
Pforte gate
Pfote paw
Pfütze puddle
Picknick picnic
Pilot/in pilot
Pilz mushroom
Pinguin penguin
Pinsel paintbrush
Pirat/in pirate
Planierraupe bulldozer
plus plus 79
Polizei police
Polizeiwagen police car
Polizist/Polizistin police officer
Pommes frites chips
Pony pony
Portmonee purse
Postamt post office
Postbote postman
Postbotin postwoman
Poster poster
Postkarte postcard
Preis price
Preis prize
Prinz prince
Prinzessin princess
Pudel poodle
Pullover jumper
Puppe doll
Puppenhaus doll's house
Puppenwagen doll's pram
Puzzle jigsaw puzzle
Pyramide pyramid 79

Q

Quadrat square 79
Quiz quiz

R

Rabe raven
Rad wheel
Rad fahren cycle 87
Radiergummi rubber
Radieschen radish
Radio radio
Rakete rocket
Rasen lawn
Rasenmäher lawnmower
Rätsel riddle
Ratte rat
Rauch smoke
Raumschiff spaceship
Raupe caterpillar
Rechteck rectangle 79
rechts right 82
Reflektor reflector
Regen rain 93
Regenbogen rainbow 93
Regenmantel raincoat
Regenschirm umbrella
Regenwurm earthworm
regnen rain 93
Reh deer
Rehkitz fawn
Reifen hoop
Reifen tyre
Reim rhyme
Reis rice
Reißverschluss zip
reiten ride 88
Reitschule riding school
rennen run 89
Rennwagen racing car
Rentier reindeer
Reporter/in reporter
Restaurant restaurant

richtig right 83
Riese giant
Ring ring
Ritter knight
Roboter robot
Rock skirt
Rollschuh fahren roller skate 87
Rollschuhe roller skates
Rolltreppe escalator
Röntgenbild x-ray
rosa pink 78
Rose rose
rot red 78
Rote Johannisbeeren redcurrants
Rotkehlchen robin
Rücken back
Rucksack rucksack
Ruderboot rowing boat
rufen shout 88
Rutsche slide

S

Sack sack
Saft juice
Säge saw
Sahne cream
Salat salad
Salz salt
Samstag/Sonnabend Saturday 92
Sand sand
Sandalen sandals
Sandburg sandcastle
Sandkiste sandpit
Sänger/in singer
Sattel saddle
sauber clean 82
sauer sour 82
Schaf sheep
Schal scarf
Schatz treasure
Schaufel shovel
Schaukel swing
Schaumbad bubble bath
Scheibenwischer windscreen wiper
Schere scissors
Scheune barn
schieben push 89
Schiedsrichter/in referee
Schiff ship
Schild sign
Schildkröte tortoise
Schimpanse chimpanzee
Schinken ham
Schlafanzug pyjamas
schlafen sleep 88
Schlafenszeit bedtime 91
Schlafzimmer bedroom 81
Schläger bat
Schläger racket
Schlange snake
Schlauchboot rubber dinghy
schlecht bad 83
Schleier veil
Schlitten sledge
Schlittschuhe skates
Schloss lock
Schlüssel key
Schlüsselloch keyhole
Schmetterling butterfly
schmutzig dirty 82
Schnabel beak
Schnecke snail
Schnee snow 93
Schneeflocke snowflake 93
Schneeglöckchen snowdrop
Schneemann snowman 95
schneien snow 93
schnell fast 83
Schnorchel snorkel
Schnürsenkel lace
Schokolade chocolate
Schornstein chimney 81
Schrank cupboard
Schraube screw
Schraubenschlüssel spanner
Schraubenzieher screwdriver
schreiben write 86
Schreibtisch desk
Schubkarre wheelbarrow
Schuhe shoes
Schule school
Schüler pupils
Schulhof school playground
Schulranzen satchel
Schultasche school bag
Schulter shoulder
Schuppen shed
Schüssel bowl
Schwalbe swallow
Schwamm sponge
Schwan swan
Schwanz tail
schwarz black 78
Schwarze Johannisbeeren blackcurrants
Schwein pig
Schwert sword
Schwester sister 80
schwierig difficult 82
Schwimmbad swimming pool
schwimmen swim 86
Schwimmflügel armbands
Schwimmring rubber ring
sechs six 78
sechszehn sixteen 78
See lake
Seehund seal
Seelöwe sea lion
Seerose water lily
Seestern starfish
Segel sail
Segelboot sailing boat
Seife soap
Seifenblasen soap bubbles
Seil rope
Seil springen skip 89
Seite page
September September 92

Serviette napkin
Sessel armchair
Shorts shorts
sich verstecken hide 87
Sicherheitsgurt safety belt
Sicherheitsnadel safety pin
sie they
sieben seven 78
siebzehn seventeen 78
Silvester New Year's Eve 95
singen sing 88
sitzen sit 89
Ski fahren ski 86
Skianzug ski suit
Skier skis
Skistöcke ski sticks
Socken socks
Sofa sofa
Sohn son 80
Sommer summer 94
Sommerferien
summer holidays 94
Sonne sun 93
Sonnenblume sunflower
Sonnenbrille sunglasses
Sonnenschein sunshine 93
Sonntag Sunday 92
Sparschwein piggy bank
Spaten spade
Spatz sparrow
Specht woodpecker
Speck bacon
Spiegel mirror
Spiegelei fried egg
Spiel game
spielen play 87
Spieler players
Spielkarten pack of cards
Spielkarten playing cards
Spielplatz playground
Spielzeug toys
Spinne spider
Spitzname nickname
Sport sport
Sportwagen sports car
sprechen talk 86
Springbrunnen fountain
springen jump 89
Springseil skipping rope
Spüle sink
Stadion stadium
Stadt town
Stall stable
Staubsauger vacuum cleaner
stehen stand 89
Steine stones
Stereoanlage stereo
Stiefel boots
Stiefmütterchen pansies
Stier bull
Stirnband headband
Stock stick
Storch stork
Strand beach
Straße street
Strauß ostrich
Streichelzoo pet zoo
Streichhölzer matches
Streit quarrel
Strich line
Strickmütze woolly hat
Stricknadeln knitting needles
Strickzeug knitting
Stroh straw
Strohhalm straw
Strumpfhose tights
Stück piece
Stufe step
Stuhl chair
Stunde hour 90
Stundenplan timetable
Sturm storm 93
Sturzhelm helmet
suchen look for 87
Suppe soup
Surfbrett surfboard
süß sweet 82

T

Tag day 91
Tag vor Allerheiligen
Hallowe'en 96
Tal valley
Tamburin tambourine
Tanne fir tree
Tante aunt 80
tanzen dance 88
Tänzer/in dancer
Tapete wallpaper
Tasche bag
Tasche pocket
Taschengeld pocket money
Taschenlampe torch
Taschenrechner calculator
Taschentuch handkerchief
Tasse cup
Tastatur keyboard
Taube pigeon
Teddybär teddy bear
Tee tea
Teekanne teapot
Teich pond
Telefon telephone
Telefonnummer phone number
Telefonzelle phone booth
Teller plate
Tennisplatz tennis court
Tennisschläger tennis racket
Teppich carpet
Theater theatre
Thron throne
tief deep 82
Tiere animals
Tierwärter zookeeper
Tiger tiger
Tisch table
Tischtennisschläger
table tennis bat
Toast toast
Tochter daughter 80
Toilette toilet
Tomate tomato

Tor goal
Torwart goalkeeper
Trainingsanzug tracksuit
Traktor tractor
traurig sad 83
Treppe stairs 81
treten kick 89
Tretroller scooter
Triangel triangle
Trillerpfeife whistle
trinken drink 87
Trittleiter stepladder
trocken dry 82
Trommel drum
Trompete trumpet
Truthahn turkey 96
Tulpe tulip
tun do
Tunnel tunnel
Tür door
Turm tower
Turnschuhe trainers

U

U-Bahn underground
über above 84
U-Boot submarine
Übungsheft exercise book
Uhr clock 90
um ... herum round 84
um Mitternacht at midnight 91
Unfall accident
Ungeheuer monster
Uniform uniform
unordentlich untidy 83
Unordnung mess
unser our 81
unten downstairs 81
unter below 84
unter under 85
Unterhemd vest
Unterhose underpants
Unterrichtsstunde lesson
Untertasse saucer

V

Vase vase
Vater father 80
Verkäufer/in shop assistant
Verkehr traffic
Verkehrsschild traffic sign
Verwandte relatives 80
vier four 78
vier Uhr four o'clock 90
Viertel quarter
Viertel nach vier quarter past four 90
Viertelstunde quarter of an hour 90
Viertel vor vier quarter to four 90
vierzehn fourteen 78
Vögel birds
Vogelscheuche scarecrow
Volkstrauertag Remembrance Day 96
voll full 83
vor in front of 84
Vulkan volcano

W

Wachsmalstifte crayons
Wachtel quail
Waffel waffle
Wal whale
Wald forest
Walnuss walnut
Wandtafel blackboard
Wärmflasche hot-water bottle
Warteschlange queue
was what 86
Waschbecken washbasin
Waschmaschine washing machine
Wasser water
Wasserball beach ball
Wasserfall waterfall
Wasserkocher kettle
Wasserschildkröte turtle
Weg path
weich soft 83
Weihnachten Christmas 94
Weihnachtsbaum Christmas tree 94
Weihnachtsmann Father Christmas 94
weinen cry 88
Weingummis jelly babies
Weintrauben grapes
weiß white 78
Welle wave
Wellensittich budgie
Welt world
werfen throw 89
Werkzeuge tools
Wespe wasp
Wetter weather 93
Wettlauf race
Wiese meadow
Wind wind 93
Windel nappy
Winter winter 95
Wippe seesaw
Witz joke
wo where 84
Wochenende weekend 92
Wohnung flat
Wohnwagen caravan
Wohnzimmer living room 81
Wolf wolf
Wolke cloud 93
Wolkenkratzer skyscraper
Wolle wool
Wörter words
Wörterbuch dictionary
Würfel dice
Wurm worm
Würstchen sausages

X

Xylophon xylophone

Z

Zahlen numbers 78
zählen count 86
Zahnbürste toothbrush
Zähne teeth
Zahnpasta toothpaste
Zahnschmerzen toothache
Zange pliers
Zauberer wizard
Zauberkünstler magician
Zauberstab magic wand
Zaun fence
Zebra zebra
Zebrastreifen zebra crossing
Zehen toes
zehn nach vier ten past four 90
zehn ten 78
Zeichenblock drawing pad
zeichnen draw 86
Zeichnung drawing
zeigen show 86
Zeitschrift magazine
Zeitung newspaper
Zelt tent
Ziege goat
ziehen pull 89
Zimmer room
Zimmerdecke ceiling 81
Zirkus circus
Zitrone lemon
Zoo zoo
Zucker sugar
Zug/Eisenbahn train
zuhören listen 86
zumachen close 86
Zunge tongue
zwanzig twenty 78
zwei two 78
Zweig twig
zweiter second 85
Zwiebel onion
Zwillinge twins
zwischen between 84
zwölf twelve 78

Meine Lieblingswörter

Unser erstes
BILDWÖRTERBUCH
ENGLISCH

Übersetzung:	Sigrid Janssen
Redaktion:	Rebecca Syme
redaktionelle Mitarbeit:	Stefanie Pott
Projektleitung:	Sinéad Butler
Layout und technische Umsetzung:	Katrin Tengler, Berlin
Umschlaggestaltung:	Cornelsen Verlag Design/ Klein & Halm Grafikdesign, Berlin
Umschlagillustration:	Peter Pfeiffer, Berlin
Illustrationen:	Oxford Designers & Illustrators, Gabriele Heinisch
Tonstudio und -technik:	Clarity Studio, Berlin
Toningenieur und Aufnahmeleitung:	Christian Schmitz, Pascal Thinius

www.lextra.de
www.cornelsen.de

1. Auflage, 1. Druck 2011

Alle Drucke dieser Auflage sind inhaltlich unverändert und können im Unterricht nebeneinander verwendet werden.

Druck: CS-Druck CornelsenStürtz, Berlin

ISBN 978-3-589-01651-8

Inhalt gedruckt auf säurefreiem Papier aus nachhaltiger Forstwirtschaft.